工业和信息化普通高等教育
"十三五"规划教材立项项目

高等院校**电子商务类**
新形态系列教材

U0688935

网店客服
实战教程

微课版 第2版

余娜 邓虹 / 主编
胡平 张闻环 谢芳 / 副主编

Online Store Customer
Service Practice

人民邮电出版社
北京

图书在版编目（CIP）数据

网店客服实战教程：微课版 / 余娜，邓虹主编. --
2版. -- 北京：人民邮电出版社，2023.3
高等院校电子商务类新形态系列教材
ISBN 978-7-115-60656-3

Ⅰ. ①网… Ⅱ. ①余… ②邓… Ⅲ. ①网店－商业服
务－高等学校－教材 Ⅳ. ①F713.365.2

中国版本图书馆CIP数据核字(2022)第232511号

内 容 提 要

本书针对网店客服的售前、售中和售后工作，以及沟通方法与销售技巧等重点内容进行
阐述，全书共9章，包括初识网店客服、做好网店客服人员岗前培训、售前客服、售中客服、
售后客服、用心经营客户关系、智能客服、分析客服数据、管理网店客服人员等。本书在
理论讲解中穿插相应的案例并进行分析，通过案例强化所讲内容，着重于快速、有效地提
升网店客服人员的工作技能，提高网店客服人员的职业素养，最终提高网店的销售额。

本书既可作为高等院校电子商务专业相关课程的教材，也可作为各类电商培训机构的网
店客服培训教材，还可作为从事电子商务相关工作人员的参考用书。

◆ 主　　编　余　娜　邓　虹
　　副主编　胡　平　张闻环　谢　芳
　　责任编辑　孙燕燕
　　责任印制　李　东　胡　南

◆ 人民邮电出版社出版发行　　北京市丰台区成寿寺路 11 号
　邮编　100164　电子邮件　315@ptpress.com.cn
　网址　https://www.ptpress.com.cn
　北京天宇星印刷厂印刷

◆ 开本：700×1000　1/16
　印张：11.75　　　　　　　　　2023 年 3 月第 2 版
　字数：261 千字　　　　　　　2025 年 6 月北京第 4 次印刷

定价：49.80 元

读者服务热线：(010)81055256　印装质量热线：(010)81055316
反盗版热线：(010)81055315

前言
PREFACE

电子商务行业的蓬勃发展，促进了网店客服岗位的诞生与不断发展。而随着电子商务行业市场竞争的加剧，网店客服越来越重要。网店客服作为网店与客户之间沟通的桥梁，不仅直观体现了网店的形象，还影响着网店的询单转化率、客单价等销售数据。为了应对不断发展的电子商务行业，适应高等院校电子商务相关课程的需要，编者对2019年出版的《网店客服实战教程（微课版）》进行了改版，推出了《网店客服实战教程（微课版 第2版）》。

改版策略

《网店客服实战教程（微课版 第2版）》在《网店客服实战教程（微课版）》的基础上，更新了知识，增加了具有实操性的内容以及网店客服素养的相关内容，同时为便于读者吸收和掌握每章的知识，还增加了课后练习。具体的改版策略体现在以下4个方面。

（1）保持第1版的主体特色不变。《网店客服实战教程（微课版）》案例丰富、理论与实践结合、配套资源丰富，获得不少读者和教育工作者的好评，因此《网店客服实战教程（微课版 第2版）》保留了这些特色，并在第1版教材基础上，增加了拓展配套资源。

（2）更新知识和引导案例。基于网店客服的发展和岗位需求的变化，此次改版不仅对陈旧的知识进行了更新，还新增了时下较为流行的智能客服等相关内容。并且，此次改版对章前引导案例进行了更新，选取了新近发生的典型事件作为案例，以供教师教学和读者学习参考。

（3）增加实操内容。当前，不少网店都要求网店客服人员具备较强的应变能力和实操技能，为帮助读者更好地就业、创业，此次改版增加了不少具有实操性的内容，包括每章末尾综合性较强的实训演练和课后练习。

（4）提升综合素养。此次改版增补了与网店客服素养相关的内容，主要体现在章首页的"素养目标"和章末的"案例分析"等栏目，从而帮助读者提升综合素养。

本书特色

作为网店客服的培训教材，与目前市场上的其他同类教材相比，本书具有以下特色。

（1）结构清晰，知识全面。本书通过合理的知识结构，全面围绕支撑网店客服的各项内容展开介绍，从最基础的知识开始，循序渐进、层层深入，使读者对网店客服的特点、工作内容、操作工具等形成全面的了解。

（2）案例丰富。本书每章均以引导案例的方式引导读者进行学习。引导案例主要以图文的形式进行展示，具有较强的可读性和参考性，可以帮助读者快速理解与掌握相关内容，提高对知识的理解与掌握能力。

（3）实操性强。本书注重实操性，在讲解理论知识的同时穿插讲解实际操作，如图片处理、客户订单处理等，还以实训演练的形式加深读者对知识的理解与掌握程度，同时在章末设置了课后练习，以帮助读者巩固所学的知识和技能。

（4）提升网店客服素养。本书注重素养提升，不仅在章首页设置了"素养目标"，还在正文讲解中融入了网店客服职业道德等元素，并在章末新增了网店客服相关的案例分析。

（5）经验提升。本书设有"知识补充"栏目，用于补充与书中所讲内容相关的经验、技巧与提示，帮助读者更好地总结和吸收知识。

教学资源

本书提供的教学资源如下。

（1）微课视频。本书在讲解网店客服相关的操作、订单处理等知识时，均配套了相应的微课视频，读者用手机或平板电脑扫描对应二维码即可查看。

（2）PPT课件、教学大纲和电子教案。本书提供PPT课件、教学大纲和电子教案，以辅助教师顺利开展教学工作。

（3）模拟试题库。本书提供丰富的与网店客服相关的试题，读者可自由组合出不同的试卷进行测试。另外，本书还提供两套完整的模拟试卷，以便读者测试和练习。

（4）拓展素材。本书提供与网店客服相关的知识、技巧的补充和拓展资料，以进一步帮助读者理解并掌握网店客服的相关理论知识与实际操作。

特别提醒：上述教学资源可登录人邮教育社区（ryjiaoyu.com）下载。

本书由余娜、邓虹担任主编，胡平、张闻环、谢芳担任副主编。由于时间有限，书中难免存在不足之处，欢迎广大读者、专家给予批评指正。

编者

2022年8月

目录
CONTENTS

CHAPTER
01

第1章
初体验——初识网店客服

引导案例

　　某网店是一家从事土特产销售的网店，在客户越来越重视食品安全的今天，绿色健康的土特产对客户具有较大的吸引力。很快，该网店的销售额就开始增长，但问题也随之出现。店长每天需要兼顾接待、打包、发货等工作，他逐渐感到力不从心。于是，他通过招聘网站招聘了一名网店客服人员——雯雯。自从雯雯上岗后，店长轻松了很多，网店的回头客也多了，而这都得益于雯雯提供的专业服务。网店中经常有客户让雯雯推荐土特产，雯雯收到消息后立刻热情地回复，并耐心为客户挑选商品，很快就促成了交易。收到货后，客户还会在评价中对雯雯热情、优质的服务提出表扬。一段时间后，该网店不仅成交率大幅提高，口碑也得到了提升，更是带动了当地土特产行业的发展。

　　网店客服作为客户联系网店的窗口，承担着沟通买卖双方的重任。那么，作为一名网店客服人员，每天的工作内容和工作目标是什么呢？

学习目标

* 了解客服岗位的重要性。
* 熟悉客服工作的流程、客服岗位的分类及客服岗位与其他岗位的对接关系。
* 明确客服工作的目标。

素养目标

* 强化奋斗意识，立足本职岗位，牢记"为客户服务"的理念。
* 培养"干一行、爱一行、钻一行、精一行"的职业精神，学习和发扬劳模精神。

1.1 初识客服

网店客服的兴起得益于电子商务行业的快速发展。网络购物消费者的增多导致很多网店急需大量客服人员，而缺少客服人员将直接影响网店的销量，因此这些网店会选择自己招聘客服人员。

1.1.1 客服岗位的重要性

客服岗位是为客户服务的，不仅可以给客户带来舒适的购物体验，而且能提高网店的竞争力。其重要性可归纳为以下6点。

1. 优化客户的购物体验

网店客服人员作为直接影响客户购物体验的岗位，对于网店的整体运营具有重要意义。优秀的网店客服人员可以优化客户的购物体验。网店客服人员在与客户交流的过程中，通过耐心地询问、认真地倾听，并主动为客户提供帮助，可以让客户有一个体验很好的购物"旅程"。

2. 提高成交率

大多数客户在购物之前都会针对不太清楚的内容进行询问。网店客服人员如果能及时回答客户的问题，那么达成交易的概率是很高的。如果客户询问商品后未下单，或者拍下商品后未立刻付款，网店客服人员应及时跟进，通过强调优惠、询问等方式促使客户购买；同时，对于一些犹豫不决的客户，网店客服人员可以向其推荐合适的商品，以促成交易，如图1-1所示。

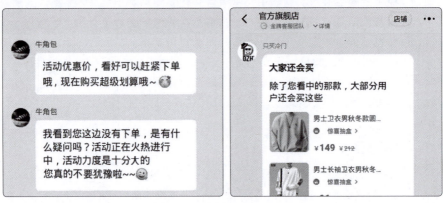

图1-1 提高成交率

3. 宣传网店及品牌

客户通过商品详情页并不能完全了解网店及其品牌，这时网店客服人员就是网店及其品牌的宣传者。网店客服人员耐心、详细的介绍，可使客户进一步了解网店商品的价值，让客户记住网店，也记住品牌。如果商品使用效果不错、性价比高，客户再有购买需求时就会第一时间想到已经记住的网店及品牌。

4. 降低网店经营风险

网店在经营过程中难免会遭遇一定的风险，如交易纠纷、退换货、退款、客户投诉、平台处罚等。要降低经营风险，全店人员需要共同努力，而网店客服人员应做到以下4点。

（1）网店客服人员对商品非常熟悉且能做到精准推荐，就能有效避免退换货和退款事件，尽可能地避免产生交易纠纷。

（2）网店客服人员将平台规则熟记于心，就能很好地应对客户的各种投诉，并且不触犯平台规则，也就不会引来平台对网店的处罚。

（3）网店客服人员积极、良好地与客户沟通，就有可能降低客户给出差评的概率。

（4）网店客服人员具备一定的警惕性，就可以避免网店被少数不良分子恶意敲诈而导致损失的情况。

5. 改善网店服务数据

电子商务平台为了完善监管，会对网店的服务质量进行评分，图1-2所示为某网店的评分。网店客服人员在服务客户的过程中会与客户有所接触，而网店客服人员的服务质量会直接影响店铺动态评分，客户可以通过该评分来判断网店的经营状况和各项服务指标。

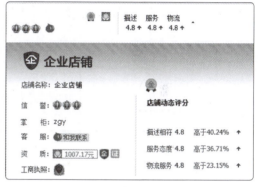

图1-2 某网店的评分

6. 提高流量价值

随着平台上的竞争越来越激烈，网店的引流成本越来越高，每一次引流对网店来说都尤为重要，都应该产生相应的效益。如何才能将流量转化为网店的效益呢？这离不开网店客服人员提供的优质服务。

● 网店客服人员的优质服务有助于增强客户的购买欲望，从而提高客单价，实现单个流量价值的最大化。

● 网店客服人员的优质服务有助于客户重复购买或介绍他人到网店中购物，从而把单次引流的价值发挥到极致。

1.1.2 客服工作的流程

网店客服人员的工作流程主要由售前、打单、发货、查看和售后5部分组成，如图1-3所示。

图1-3 网店客服人员的工作流程

1. 售前

网店客服人员的售前工作包括售前准备工作和售前接待工作，售前工作内容如表1-1所示。

表1-1　售前工作内容

工作分类	环节	工作内容说明
售前准备工作	熟悉商品	熟悉商品是网店客服人员的基本工作，在商品上架前，网店客服人员要接受相关的商品培训
	熟悉沟通工具（如千牛工作台）	接待客户前，网店客服人员必须熟练掌握沟通工具的使用方法，包括快捷回复与自动回复的设置、商品信息的查看及客户信息的查找等
	了解平台规则	电子商务平台有其运行规则，网店客服人员需要了解清楚，以免触犯规则被处罚，如争议处理规则、发货管理规则、评价规则等
售前接待工作	推荐商品	网店客服人员要主动挖掘客户的需求，专业、耐心地解答客户提出的问题，向客户推荐商品
	解决异议	网店客服人员要学会专业的销售技巧，并且热情、耐心地解决客户对商品及服务的异议
	指引下单	网店客服人员要提高客户的购物兴趣，尽可能地促成交易，并以热情、耐心的态度指引、提醒客户尽早下单
	欢送客户	网店客服人员要像对待朋友般对待客户，积极、热情，表示期待再次为客户提供服务

2. 打单

网店客服人员应按电子商务平台后台信息或客户指定信息打印快递单和发货单，最好在客户付款后、商品发货前再次向客户确认地址、手机号码等详细信息。

3. 发货

网店客服人员按发货单的内容配货、发货，并与快递人员交接。底单应归类存放，以便核实、查询和取证。

4. 查单

网店客服人员应接受客户查询快递的要求，为客户查询快递信息并跟进处理。除此之外，网店客服人员可能还需要在打单后抽单改地址，或者在发货后追回需要改地址的快递。

5. 售后

售后服务主要包括售后跟踪和回访客户两个环节。

● **售后跟踪**：该环节主要包括处理客户签收货物后需要退换货的请求，以及处理客户的中差评或投诉。需要注意的是，网店客服人员遇到中差评或者投诉时一定要保持冷静，分析原因，尽力给客户一个满意的答复，做到双赢。

- **回访客户**：对于老客户，网店客服人员可以通过短信、邮件等方式回访，回访时可以告知客户网店的最新活动，以吸引客户二次购买，或者做一个商品质量调查，以提高网店的商品价值。对于有意向购买但没有付款的客户，网店客服人员应尽量在两天内完成回访。网店客服人员在回访时要注意使用回访技巧，可以先看看之前的聊天记录，了解客户没有下单的原因。

1.1.3 客服岗位的分类

小规模的网店中，员工往往一人身兼数职，并没有细分客服岗位。而大中型网店的订单多、工作量大，如果没有对客服工作进行流程化、系统化的安排，则很容易出现订单错误的情况。因此，大中型网店对客服岗位有明确的分工，一般会将客服岗位分为售前客服岗位、售中客服岗位和售后客服岗位3种类型，让网店客服人员各司其职、有条不紊地开展工作。

1. 售前客服岗位

网店售前客服人员主要从事引导性的工作，从客户进店咨询到拍下并付款的整个环节都属于售前客服人员的工作范畴，具体包括以下6项。

- **售前准备**：售前准备阶段的工作内容主要包括熟悉与商品相关的信息和网店活动，熟练掌握沟通工具的使用方法，了解平台规则和相关注意事项等。
- **接待客户**：售前客服人员每天都需要通过千牛工作台等聊天工具与客户进行线上沟通，解决客户遇到的问题。接待客户贯穿于整个客服工作中，售前客服人员应该做好随时接待客户的准备，并时刻保持热情、耐心和周到的服务态度。另外，售前客服人员的反应要及时，切勿用冰冷的语言来回答客户，应尽量使用语气词来调节气氛。
- **推荐商品**：当客户咨询相关商品时，售前客服人员要从客户的聊天语言中主动挖掘其需求，专业、耐心地解答客户提出的问题，同时主动向客户推荐合适的商品，以商品的质量和其他优势等激发客户的购买欲望。在该阶段，售前客服人员需要根据掌握的商品知识，结合客户的自身需求，运用适当的销售技巧，把商品成功销售给客户。
- **解决异议**：当遇到疑难问题时，售前客服人员要借助自己的专业销售技巧，从专业的角度为客户解决商品问题、支付问题、物流问题，以及客户在交易过程中遇到的其他异议和问题，并且始终保持热情、耐心的态度。
- **指引下单**：如果客户迟迟未下单，此时售前客服人员要试着联系客户，提醒客户尽早下单，且售前客服人员语气应委婉，措辞应准确。
- **欢送客户**：客户完成购买后，售前客服人员要向其表示感谢，并欢迎其再次光临。

2. 售中客服岗位

网店售中客服人员的工作集中在客户付款到订单签收的整个时间段。售中客服人员主要负责与物流订单相关工作的处理，具体工作内容如下。

- **订单确认及核实**：客户下单后，售中客服人员要第一时间与客户确认订单信息，保证客户填写的信息正确，降低订单出错的概率。例如，若发货后才发现收货地址有误，售中客服人员应第一时间与快递公司联系并修改收货地址，保证货物及时、准确地送到客户手中。
- **调配商品并打包**：确认订单无误后，售中客服人员应尽快调配商品并打包，做好商品的发货准备工作。售中客服人员在打包时要仔细检查商品与包装，同时还要细心核对客户信息与快递信息，特别是客户添加的备注信息，一定不要遗漏。
- **发货并跟踪物流**：做好商品调配与打包后，售中客服人员要及时通知快递公司揽货，并对订单进行发货处理，然后告知客户已经正常发货。发货后，售中客服人员还需要实时跟踪商品的物流状态。
- **提醒客户及时收货**：当货物运输到客户所在城市后，售中客服人员可以以短信的方式通知客户，告知客户商品已经到达其所在城市，将马上进行配送。当快递公司开始配送后，售中客服人员还要提醒客户及时收货，防止货物遗失。

3. 售后客服岗位

售后服务质量是衡量网店服务质量的重要方面。好的售后服务不仅可以提升网店的形象，还能留住更多客户。售后客服人员的工作内容如下。

- **退换货、投诉处理**：当客户提出退换货请求时，售后客服人员首先要了解客户退换货的原因。若是商品或物流等方面的原因，售后客服人员要及时同意客户的请求并详细告知其退换货的流程和注意事项，保证客户的利益不受损。图1-4所示为退换货的工作流程，售后客服人员在遇到退换货问题时，可按照该流程来处理。当接到客户的投诉时，售后客服人员不要与之发生争吵，应先了解客户不满的原因，初步给予客户一个有关处理方法的答复和承诺，让客户放心，然后查询投诉处理标准，立即制订处理方案，并及时向客户反馈处理意见。

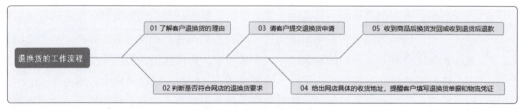

图1-4 退换货的工作流程

 知识补充

退换货补充事项

在实际生活中，有的电子商务平台会给予购物行为评级良好的客户退换货快速响应服务，即客户只要提交了退换货申请，不需要等待网店同意就可以直接退换货。在遇到这种情况时，售后客服人员一定要及时联系客户，确认商品的完整性，确保商品不会影响二次销售。另外，目前网店的收货地址都是根据网店填写的地址直接生成的，如果实际的收货地址与平台生成的地址不一致，售后客服人员一定要及时提醒客户更改。

● **客户反馈问题处理**：客户收到商品后，在使用过程中可能会遇到某些问题，此时客户一般会找到售后客服人员进行反馈，或直接在评论中进行描述。若客户直接找到售后客服人员反馈，售后客服人员一定要认真对待，先安抚客户的情绪，再根据实际情况处理，尽量优先考虑客户的利益。图1-5所示为客户反馈商品质量有问题后与售后客服人员的对话，该售后客服人员在第一时间了解问题后，先是道歉，然后立刻提出了解决方案。

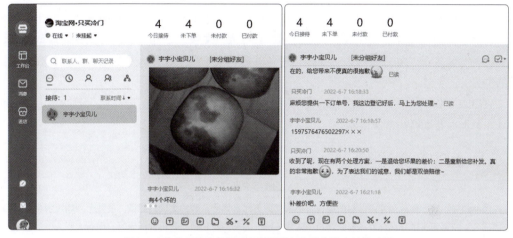

图1-5 客户反馈商品质量有问题后与售后客服人员的对话

● **客户回访**：售后客服人员还有一项重要的工作就是回访，客户回访可以增强客户对网店的黏性，加深客户对网店的印象。在回访时，售后客服人员要注意回访的内容，可以简单询问客户对商品的使用体验，或者告知客户网店的促销活动、新品等。

1.1.4 客服岗位与其他岗位的对接关系

就网店运营而言，一个完整的团队大多会设置客服、运营推广、美工及仓储等多个工作岗位。客服岗位作为团队中的一个关键性基础岗位，与其他岗位有紧密的联系。下面主要介绍客服岗位与运营推广、美工及仓储3个岗位的对接关系。

1. 客服与运营推广

客服岗位除了负责销售和服务外，还要为全店的运营推广服务。网店客服人员在接待客户的过程中，会第一时间了解到网店商品与客户实际需求的差距、客户对商品的诸多要求或商品描述不清之处等信息。这些信息为网店的运营推广提供了重要依据。因此，网店客服人员和运营推广人员经常进行信息交流和反馈，有利于运营推广人员及时调整网店的运营方案。

在网店中，运营推广岗位负责引流，客服岗位则负责流量的转化。客服岗位和运营推广岗位之间有着千丝万缕的联系，流量的转化率在一定程度上可反映出流量的精准度，也能反映出推广活动的设置是否合理、是否有助于提升客户的购物体验。

2. 客服与美工

客服岗位和美工岗位之间需要交流的问题很多，如常见的色差问题。通常，网店客服人员会向客户解释：受光线及显示器等因素的影响，很难保证实物与图片完全相同、无色差。但是当网店内的某件商品被多位客户提出色差严重时，网店客服人员就应该向美工反馈，及时调整色差问题。如果不能调整，网店客服人员就要考虑在推荐商品时如何向客户描述商品的实际颜色。

3. 客服与仓储

客服岗位和仓储岗位之间也有很多交集。网店客服人员在打包、发货时需要仓储人员的配合，有时客户对订单会有特殊要求，此时网店客服人员就要及时与仓储人员沟通，采取备注的方式提醒仓储人员。网店客服人员在做订单备注时，应把需要仓储人员注意的信息放在备注靠前的位置。

当出现缺件、少件或延迟发货的情况时，网店客服人员也要及时与仓储人员沟通，确认包裹状态，及时帮助客户解决问题。

 知识补充

客服与快递

虽然快递不属于网店运营团队中的岗位，但快递服务却是网店与客户之间的纽带，是整个网购流程中不可缺少的部分。快递服务的好坏会直接影响客户的购物体验。当客户与快递公司出现纠纷时，网店客服人员应主动与快递公司取得联系，尽量帮助客户解决快递问题，以保证客户能顺利、及时地收到包裹。同时，网店客服人员也要协调客户与快递公司之间的纠纷，避免双方矛盾激化。

1.2　明确客服工作的目标

无论是售前客服人员、售中客服人员还是售后客服人员，其主要的工作目标都是降低售后成本、促进二次销售和提高商品转化率。明确了工作的目标，网店客服人员后续的工作才能始终围绕目标来完成，才会有行动的方向和动力。下面从客服工作的具体目标及如何达到工作目标入手进行详细介绍。

↘ 1.2.1　降低售后成本

众所周知，网店客服人员在开展售后工作时会涉及各项成本，如运输费、安装费等。在电子商务领域中，解决售后问题涉及的成本高低与解决方案有直接关系。下面列举了网店客服人员在售后工作中提出的常见解决方式及所对应的亏损销售额。

1. 客户不退货，网店退全款（销售额亏损100%）

这是一种干脆利落地解决客户投诉的方式，不需要太多的处理技巧，而且可以有效地防止客户留下中差评或与网店产生纠纷等。但是，以这种方式进行售后处理，网店不但无法收回已经产生的商品成本和运输费用等，还需将从客户处收取的款项全额退还，对网店而言损失太大，长期使用会严重拉低网店的整体利润水平。

2. 免费重发（销售额亏损65%～80%）

免费重发是指客户并不将第一件有问题的商品退还给网店，网店为了解决客户遇到的商品问题，免费重发一件没有问题的商品。某次免费重发的交流过程如图1-6所示。

在免费重发方式下，网店所支付的实际成本由重发商品的进货成本和重发商品的运输成本两部分构成。一般来说，这两项费用的总和大约占原始订单金额的65%～80%。这也就是在免费重发方式下网店所要承担的损失。

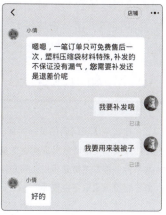

图1-6　某次免费重发的交流过程

3. 部分退款或其他补偿（销售额亏损20%～50%）

当客户反映的商品问题并不严重且可以解决时，网店可以与客户商议，以部分退款的形式对客户进行补偿。

例如，客户收到网上购买的收纳箱时发现箱盖有擦痕，但不影响整体美观，也不影响使用。网店在面对这种问题时，可以尝试退还部分金额，将其作为给客户的补偿。此时，退还的金额就是此次交易的亏损销售额。这种处理方式与前两种处理方式相比，大大节省了成本，同时在操作层面上更省时、省力。

4. 主动提供优惠券（销售额亏损10%～20%）

当某些客户反映的商品问题并不影响其正常使用时，网店可以通过向客户发放一定金额的优惠券来弥补其损失。例如，本次客户下单金额为120元，那么网店可以提供10元的优惠券，客户下次购物时使用这张优惠券可享受10元的优惠额度，如图1-7所示。

¥10　满11元可用　　去使用
商品优惠券　有效期至 2022-06-27 23:59

图1-7　主动提供优惠券

对客户而言，发放优惠券（特别是无门槛优惠券）与退款无异。而对于网店而言，使用优惠券的损失金额远比全额退款或免费重发小得多，而且优惠券可以促使客户再次购物，进而可以使网店获得新的销售额与利润。因此，推荐网店使用这种方式。

5. 技术层面答疑解惑（零亏损）

在所有解决客户问题的方式中，网店最推崇的毫无疑问是零亏损的方式。所谓零亏损的方式，是指网店客服人员通过答疑解惑解决客户关于商品、服务和运输的问题，让客户理解整个服务过程并最终接受商品。这正是网店所追求的目标。

例如，近年来热销的智能家居商品，由于部分客户缺乏相关商品的操作经验，使用起来十分困难。某些客户可能会因为缺乏耐心而与网店产生纠纷，甚至要求退款。此时，网店客服人员就可以基于自身对商品的充分认识，通过灵活、巧妙的方式，用简单易懂的语言向客户说明商品的使用方法，解答一切与商品有关的技术性问题。一旦客户的问题得到完美解决，那么网店就不需要做出任何补偿行为。

知识补充

解决方案由网店提供

在客户出现问题的第一时间，网店如果能够积极提出解决方案，不仅能给客户留下专业、负责任的印象，还能最大限度地降低处理问题的成本和难度。此外，建议网店在提供解决方案时，尽量提供两种或两种以上的方案，有多种方案备选可以让客户体会到网店对他的尊重，同时可以加快处理问题的速度，以免客户向电子商务平台发起投诉或留下中差评。

↘ 1.2.2　促进二次销售

优质的客服服务不仅是品牌的诚信保证，还可带来二次销售机会。网店要想促成二次销售，必须保证客户对商品及网店十分满意。每家网店促进二次销售的方式不同。下面介绍一些促进二次销售的技巧与方法，希望网店客服人员能灵活运用到实际工作中。

1. 完美解决客户的疑虑

从网店的成交订单中，我们可以发现一个规律，那就是在网店中多次下单的老客户往往是在最初几次交易中遇到问题的客户。当网店客服人员帮他们完美解决问题后，客户对网店的信任感显著增强。这种人与人之间的相互信任关系会促使客户在未来的时间里稳定地回购下单。

2. 建立粉丝群

建立粉丝群是近年许多网店采用的方法，即在电子商务平台中建立一个群，并将在网店中购买过商品的客户或网店会员引导到群中。在粉丝群中，网店客服人员可以设置红包雨活动，给粉丝发送一些仅在本网店使用的红包，如图1-8所示；或者在商品上架前先在群中发布新品信息、商品打折促销信息。这些方法都能很好地促进二次销售。

3. 定时发放优惠券

无论何时，网店设置的优惠活动永远都能吸引客户。网店可以赠送客户一些下次购买时可以打折的优惠券，或者开展一些迎新活动。

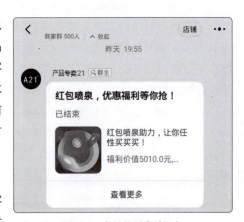

图1-8　在粉丝群发放红包

除此之外，网店还可以给优惠券设置使用期限，在优惠券到期之前适当提醒客户到网店使用。例如，在春季时赠送一些优惠券，把优惠券的使用时间设置成夏装上新之后，在优惠券快要到期时提醒客户。这样既可获得客户的信赖，又可提高网店的营业额，是促进二次销售的一个不错选择。

4. 设置提示

设置提示主要针对的是网店中的商品详情页，如展示关于订阅、收藏网店或商品的相关信息。图1-9所示为引导客户关注网店的提示。设置提示不仅可以帮助网店和商品获得更高的点击率，还可以促进客户再次购买商品。

5. 定位营销

开展定位营销时，网店客服人员需要统计已成交客户的购买情况，重点关注那些购买商品较多的客户，并在网店推出新品或开展优惠活动时及时发短信通知这些客户。

图1-9 引导客户关注网店的提示

对于那些曾经购买过网店商品，但是没有多次回购的客户，网店客服人员可以通过短信、千牛工作台等向他们推送网店的优惠信息。除此之外，网店客服人员也要分析不同客户购买商品的时间差。例如，要对一个星期购买一件衣服和一个月购买一件衣服的客户进行不同频率的优惠信息推送，也就是说，要根据客户的不同消费情况采用不同的方式促进二次销售。

↘ 1.2.3 提高商品转化率

线下购物时，很多客户会寻求导购的帮助；而客户在网上购买商品时，主要是向网店客服人员求助。所以，网店客服人员对商品转化率有非常大的影响。网店客服人员应当如何提高商品转化率呢？以下为网店客服人员常用的提高商品转化率的方法和技巧。

- **及时回复**：许多客户会利用碎片化时间逛网店，不愿意花太长时间等待，如果网店客服人员不能及时、快速地回复客户，可能就会造成客户流失，从而无法促进商品转化。一般来说，当有客户咨询商品时，网店客服人员最好在10秒内回复消息。
- **洞察客户需求，引导销售**：网店客服人员并不是客户问什么就答什么，而是应当从客户的言语中判断其需求，然后引导其购买。例如，一位客户在咨询某食品品牌的网店客服人员时间："这个蛋糕热量高吗？"网店客服人员就可以判断出该客户关注食品的热量，很可能需要控制体重，便可进一步说："您是需要控制体重吧，我帮您推荐几款店内低糖低热量的食品吧"，以促成客户下单。

- **发放优惠券**：在客户进店咨询商品时，网店客服人员可以主动向客户发放一些优惠券，如图1-10所示，并提示首次下单可以享受专属福利，从而可以很好地提高商品转化率。
- **及时催拍催付**：如果客户详细询问了商品的各种信息，就是迟迟不下单，或者下单后迟迟不付款，那么网店客服人员一定要及时催拍催付，从而将未拍未付款的订单转化成有效的订单。图1-11所示为某网店客服人员催拍催付的场景。

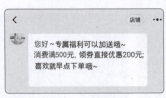

图1-10　发放优惠券

图1-11　某网店客服人员催拍催付的场景

实训演练

↘ 实训1：进入招聘网站了解网店客服岗位

【实训背景】

赵维是一名电子商务专业的学生，他最近学习了"网店客服"课程，便对网店客服岗位非常感兴趣。为了更好地了解网店客服岗位，他准备进入智联招聘网站查看相关信息。

【实训要求】

进入智联招聘网站，查看网店客服岗位的招聘信息，从岗位描述、任职要求等方面了解、总结网店客服岗位的工作内容。

【实训目标】

（1）了解网店客服岗位的分类。

（2）掌握网店客服岗位的工作内容。

【实训步骤】

（1）进入智联招聘网站，注册并登录后，进入网站首页。

（2）在搜索文本框中输入"网店客服"，按【Enter】键查看搜索结果，在搜索结果中任意选择一个网店客服岗位查看，如图1-12所示。从图中可以看出，该公司的职位描述为售前客服和售后客服等，即主要负责售前和售后的工作事项；从岗位职责可以看出，该岗位的主要工作内容包括促成订单、解答疑问、收集整理咨询问题、处理售后问题等。

微课视频——进入招聘网站了解网店客服岗位

（3）返回智联招聘网站首页，在搜索文本框中输入"售前客服"，按【Enter】键看搜索结果，在搜索结果中查看与售前客服岗位相关的职位描述和岗位职责等。图1-13所示为某公司发布的售前客服岗位招聘信息。

图1-12　网店客服岗位　　　　　图1-13　某公司发布的售前客服岗位招聘信息

（4）按照相同的方法查看"售中客服""售后客服"等岗位的相关招聘信息。从不同公司发布的招聘信息可知，有的公司的网店客服会身兼数职，既负责售前又负责售后，有的公司的网店客服则分工较细。但是，无论是哪家公司、哪种客服岗位，网店客服主要是为客户服务的，旨在接待客户、为客户解答疑问和处理问题，从而促进订单成交，让客户成为忠实粉丝。

实训2：体验售前客服岗位的工作

【实训背景】

王某是某银饰品牌网店的新进售前客服人员，上岗后，负责人对她进行了简单的培训。为了让她对售前客服岗位有更深刻的认识，负责人带她亲身体验了售前客服的实际工作，完成了从客户进店咨询到拍下付款的整个工作环节。

【实训要求】

两人一组，分别扮演王某和客户——李女士，在淘宝中就图1-14所示的商品完成接待客户、推荐商品、解决异议、指引下单及欢送客户等环节。

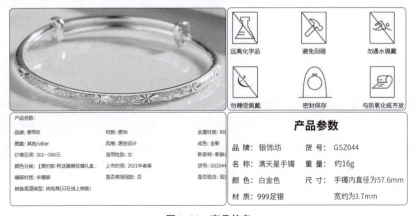

图1-14　商品信息

【实训目标】

（1）了解售前客服的工作内容。

（2）能熟练完成售前服务工作。

【实训步骤】

（1）接待客户。确定好要扮演的角色后，先由李女士进入网店询问王某有关商品的问题，如"是纯银吗""是什么颜色的"等，接着，王某开始回答李女士的问题，如"您好，在的呢，非常高兴为您服务，这款手镯是999足银的，非常漂亮呢"。

（2）推荐商品。王某此时要主动挖掘李女士的需求，可以向其提问，如"您是自己戴还是送人呢"，该过程中不要一直让其下单，主要是描述商品的外观、材质等，以吸引李女士，如"手镯表面是花叶造型，栩栩如生；手镯采用走马圈设计，轻松就能穿戴，还可以调节尺寸呢"。

（3）解决异议。此时，李女士向王某提出一些有关商品的异议，如"价格有点高呢"等。王某就李女士的异议进行回答，依然要保持热情的态度，如"您好，真的非常抱歉，已经是最低价了呢，但是我可以为您申请一个小礼品"。

（4）指引下单。王某继续向李女士说明尽早下单的紧迫性，如"您还有什么疑虑吗？都可以说出来让小丽给您解答，趁着现在做活动拍下特别划算，平常的价格比活动价要高120元呢。只要您拍下我马上就为您发货哦"。

（5）欢送客户。李女士最终决定下单，此时王某向李女士表示感谢，并亲切表示有什么问题都可以问她，如"您好，非常感谢您的支持！您的信任是我们的动力。祝可爱的您天天有好心情，忙碌的日子也要注意休息哦。有什么问题都可以问小丽，小丽随时为您解答"。

案例分析——无所畏惧、勇往直前的客服人员

江某是一名大学生，在校期间，江某不仅努力学习，还积极参加各种活动，获得了许多同学和老师的赞扬。由于多种因素，从学校毕业后，江某选择回到家乡。看着家乡的巨大变化，他既兴奋又迷茫。他想起了离校时老师的话："是金子在哪里都会发光，只要有一颗坚持、努力拼搏的心。"于是他开始积极探索职业发展方向。

经过一段时间的研究，江某了解到某电商品牌为家乡的发展做出了很大的贡献。怀揣着对该品牌的向往，江某参加了该品牌客服岗位的第一次面试。由于打字速度未达标等，他第一次面试失败了。失败后的他没有气馁，反而有空就打开笔记本电脑练习打字，并阅读了很多书籍，努力提升自己。功夫不负有心人，第二次面试时江某被录用了。但是，由于没有真正接触过客服岗位，江某刚开始处理业务的时候总是遇到各种困难，如不知道怎么跟客户沟通、记不住业务流程等，他也曾有过短暂的迷茫期。但是，江某不认输、不放弃的信念让他坚持了下来。下班后，江某独自留下来学习业务知识，白天落下的工作也绝不拖到第二天，不管多晚，他都坚持完成每天的工作和学习任务再回家。遇到不懂的问题时，江某也会积极向领导和同事

请教，通过这种方式他学会了很多沟通技巧和业务知识。

将努力浇灌在坚持的土壤上，必将收获甜蜜的果实，经过不断努力，江某从一个业务"小白"蜕变成了成熟的职场人，几乎每年都会荣获"客服标兵"称号，这也让江某更加斗志满满。在江某看来，客服这个岗位，虽有辛酸，但也有快乐，虽有辛苦，但更有收获和成就感。

点评：在江某的职业新征途中，他不断学习、不断奋斗，坚定理想信念，用一种严肃、认真、负责的态度对待自己的工作，可谓是忠于职守、尽职尽责。在学校，他努力学习、积极参加活动；毕业后，他是客服人员，在平凡的岗位上继续发光发热。不管是什么身份，江某都竭尽全力，奋力前行。

课后练习

1. 选择题

（1）[单选]客服岗位的重要性不包括（　　　）。

    A. 优化客户的购物体验   B. 提高成交率

    C. 减少网店的负面影响   D. 改善网店服务数据

（2）[单选]指引下单属于（　　　）岗位的工作内容。

    A. 售前客服   B. 售中客服

    C. 售后客服   D. 电话客服

（3）[多选]网店的客服岗位一般会分为（　　　）。

    A. 售前客服岗位   B. 售中客服岗位

    C. 电话客服岗位   D. 销售客服岗位

2. 填空题

（1）售后客服的工作内容，包括退换货、投诉处理，_____和_____。

（2）网店客服的工作目标主要包括_____、促进二次销售和_____。

3. 判断题

（1）如果客户迟迟未下单，此时售中客服人员要试着联系客户。（　　　）

（2）在网店中，运营推广岗位负责引流，客服岗位则负责流量的转化。（　　　）

（3）快递不属于网店运营团队中的岗位，当客户与快递公司之间出现问题时，网店客服人员不需要特别处理。（　　　）

4. 简答题

（1）客服岗位有哪些分类？不同类别的客服的主要工作内容是什么？

（2）网店客服人员可以采用哪些方法来促进二次销售？

5. 实践题

（1）进入智联招聘网站，寻找自己所在地的客服岗位，选择并查看感兴趣的招聘信息，说说自己与该岗位的招聘要求存在哪些差距，应该如何提高自身的职业能力。

（2）图1-15所示为两位网店客服人员不同的接待方式，分析二者的接待态度及会导致的后果。

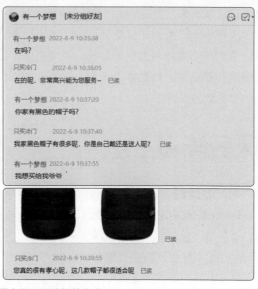

图1-15　两位网店客服人员不同的接待方式

CHAPTER

02

第2章
磨刀不误砍柴工——做好
网店客服人员岗前培训

引导案例

近日是某网店开设10周年的日子，早在几周前该网店就在筹备周年庆活动。活动当日，进店咨询的客户比平时多了很多，以致网店客服人员都忙得不可开交。为了缓解接待压力并提高成交量，店主老秦紧急招聘了一名网店客服人员——小周，并要求她立即上岗。但是两天过去了，小周却一个订单都没有促成。老秦很不解：这么大的访问量，怎么没有促成订单呢？于是他查看了小周与客户的聊天记录，发现小周不仅缺乏基本的沟通能力，而且对平台、聊天工具、商品和物流等都不熟悉。经历这一事件后，老秦决定从今往后新招聘的网店客服人员一定要培训后再上岗。

从上述案例可见，开展网店客服人员岗前培训是非常必要的。通过岗前培训，网店可以培养网店客服人员的从业适岗能力，让其在短期内掌握必备的理论知识、岗位操作技能，从而提高网店客服人员的工作效率，减少问题的发生。

学习目标

* 熟悉常用的电子商务平台的规则及交易安全等相关知识。
* 了解所在网店的商品知识，以及聊天工具的使用和后台的操作方法。
* 具备网店客服人员应具备的基本素质，能分析不同客户的心理差异。

素养目标

* 培养独立处理问题的能力和分析并解决问题的能力。
* 培养沟通能力、抗压能力，养成主动服务客户的意识。

2.1 形成丰富的知识储备

一名优秀的网店客服人员应具备哪些知识呢？第一，网店客服人员一定要了解电子商务平台的运营规则；第二，网店客服人员应掌握相关的交易安全知识、商品知识、物流知识等。

↘ 2.1.1 平台规则

网店在运营过程中，要遵守国家法律法规和平台规则。平台规则可起到保障网店和客户的合法权益、营造公平诚信的交易环境、保障交易安全及促进电子商务平台规范发展的作用。常用的电子商务平台（如淘宝、京东等）都有一定的平台规则。图2-1所示为淘宝的规则中心页面，网店客服人员在浏览器中搜索"淘宝规则"，按【Enter】键在打开的搜索结果中选择带有"官网"标识的"淘宝规则"选项，即可进入淘宝的规则中心页面。

拓展知识——认识
电子商务平台

图2-1 淘宝的规则中心页面

下面以淘宝的规则为例，介绍网店客服人员需要学习的重要规则。

1. 商品如实描述

商品如实描述是网店的基本义务，是指网店在商品描述页面、网店页面等所有淘宝提供的渠道中，对商品的基本属性、成色和瑕疵等必须说明的信息进行真实、完整的描述。网店应保证其出售的商品在合理期限内可以正常使用，包括商品不存在危及人身、财产安全的危险，符合商品或其包装上注明采用的标准及具备商品应当具备的使用性能等。

2. 评价规则

为了确保评价体系的公正、客观，淘宝遵循《淘宝网评价规范》的规定，对违规交易评价、恶意评价、不当评价或异常评价等破坏淘宝信用评价体系、侵犯客户知情权的行为予以坚决打击。网店客服人员在评价客户或回复客户评价时要实事求是，不得使用污言秽语，更不能泄露客户隐私。

3. 不当获取使用信息

不当获取使用信息，是指通过租借/共享账号、协助第三方扫描系统等方式获取平台商业信息/他人信息，或未经允许发布、传递、出售平台商业信息/他人信息，影响淘宝的正常运营秩序、效率或致使平台商业信息/他人信息存在泄露风险的行为。

为避免违反该规则，网店客服人员不能有意或者无意地泄露客户的个人信息和订单信息。例如，在成交以后与客户核对订单信息时，网店客服人员务必只与拍下商品的淘宝ID或登录名进行核对。

4. 违背承诺

违背承诺是指网店未按照约定向客户提供已承诺提供的服务，损害客户权益的行为。违背承诺时，网店须履行客户保障服务中规定的如实描述、退货、换货和赔付等承诺，按实际交易价款向客户或淘宝提供发票，或须向客户支付因违背发货时间承诺而产生的违约金。针对该规则，网店客服人员在与客户交流时，不要轻易承诺，一旦向客户做出承诺就必须严格履行。

5. 骚扰他人

骚扰他人是指网店对客户实施骚扰、侮辱及恐吓等妨害他人合法权益的行为。骚扰他人的情形可分为一般情形、严重情形和特别严重情形3种。

- **一般情形**：包括但不限于通过电话、短信、阿里旺旺、邮件等方式对他人实施辱骂、诅咒、威胁等语言攻击的行为；通过电话、短信、阿里旺旺、邮件等方式向他人发送垃圾信息（如不明验证码等）、联系频次异常，或多次在深夜、凌晨等不适宜交流的时间段内联系他人，造成他人反感的行为。
- **严重情形**：包括但不限于多次发生一般情形的情节。
- **特别严重情形**：包括但不限于采取恶劣手段严重影响他人正常生活，给他人身心造成极大伤害，或造成严重恶劣影响的行为，如向客户邮寄冥币、寿衣等让人产生反感的物品的行为。

针对骚扰他人的情况，网店不仅会被扣分，还会被要求向客户进行赔付。因此，网店客服人员在处理与客户之间的纠纷或客户异议时，一定不要频繁地联系客户，应该在客户方便的时间，以客户能接受的方式与之取得联系，以免影响客户的正常生活与工作。在无法说服客户时，网店客服人员也不得以骚扰的方式迫使客户妥协，要做到有礼有节。

事实上，淘宝对涉及网店开张、商品发布、交易行为、营销活动等环节的行为均有一系列规定，还为这些环节的重要事项整理了口诀，如图2-2所示。网店客服人员在上岗前一定要对相应规则了如指掌，必要时还可以将一些容易犯错误的规则制作成文档，以便在后续工作中随时查询。

拓展知识——淘宝规则口诀详解

网店开张
淘宝开店无门槛，放心交易无佣金
一张证照开一店，经营优秀开多店
个人店铺有执照，一键上传便亮照

商品发布
类目选择要正确，资质备案要齐全
商品信息应一致，进货凭证要留存
商品品质要保证，拒绝禁侵假劣滥

交易行为
商品发货要及时，延迟投诉要赔付
10天自动收货款，两三天响应退款
维权举证要及时，依法支持 7 天退

营销活动
大型活动早知道，符合活动敲门砖
注意价格和发货，服务咨询快速答

图2-2　淘宝规则口诀

↘ 2.1.2　交易安全

伴随网络技术的不断发展，网店在交易过程中也面临许多安全威胁，如计算机病毒、流氓软件、木马程序、网络钓鱼和系统漏洞等。其中，木马程序、网络钓鱼是网店客服人员需要重点关注的问题。网店客服人员要想保证交易安全，就要养成良好的网络操作习惯，做好日常安全防范。常用的日常防范手段如下。

拓展知识——木马
程序和网络钓鱼

（1）安装合适的防火墙与杀毒软件，阻挡来自外界的威胁。

（2）在网络中下载的文件、程序或手机应用软件，经过杀毒软件查杀后再打开。

（3）重要的文件加密并进行备份。

（4）电子商务平台的登录密码设置得尽量复杂，不使用容易被破解的密码，养成定期修改密码的习惯。

（5）不随意接收和打开陌生文件，最好先进行病毒查杀或拒收。

（6）不访问不正规网站，不通过不正规途径下载软件，不扫描来历不明的二维码。

↘ 2.1.3　商品知识

作为一名网店客服人员，在与客户沟通的过程中，绝大部分内容是围绕商品展开的，因此，网店客服人员需要重点掌握商品知识。商品知识包括但不限于商品规格、商品基本属性、商品保养与维护、商品安装或使用方法，以及可做关联销售的商品等。

拓展知识——商品
规格详情

● **商品规格**：商品规格是指反映商品品质的主要指标，如尺寸、体积、重量、型号等。在了解商品规格时，网店客服人员需要重点关注商品的各项参数，以便准确回答客户的问题。另外，部分同一系列的商品会包含多种规格，如鞋子按脚的长短来确定尺码，包括图2-3所示的多种规格。

● **商品基本属性**：商品基本属性包括但不限于材质成分、含量及配件等，这些也是网店客服人员必须掌握的商品知识。尤其是非标类的商品（如化妆品、食品等），客户会详细咨询其成分、含量等，以确认商品是否适用。商品基本属性在一定程度上代表了某商品与同类商品相比较的优势。客户向网店客服人员咨询服装的面料、材质时，如果网店客服人员能很准确地说出来，客户不仅会增加对商品的信任度，还会觉得网店客服人员非常专业，从而下单购买。图2-4所示为某网店客服人员就商品基本属性问题与客户的对话。

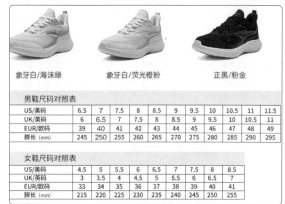

图2-3 鞋子的尺码

图2-4 某网店客服人员就商品基本属性问题与客户的对话

● **商品保养与维护**：对于商品的保养与维护方法，网店客服人员应在客户购买商品时就做出一定的阐述与说明，以确保客户在日后可以对商品进行合理的养护，从而延长商品的使用寿命。图2-5所示的商品详情页就展示了关于商品保养与维护的内容，网店客服人员一定要熟知这些知识并在交易过程中主动提示客户。

● **商品安装或使用方法**：有时，客户会因为不会安装或使用商品而咨询网店客服人员，此时，网店客服人员应该利用所掌握的商品知识迅速而准确地帮助客户解决问题。网店客服人员帮助客户解决商品的安装或使用问题后，可以打消客户对商品的疑虑，优化购物体验，如图2-6所示。

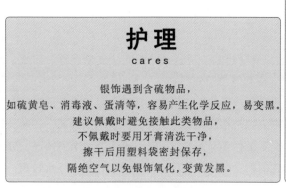

图2-5 商品保养与维护知识

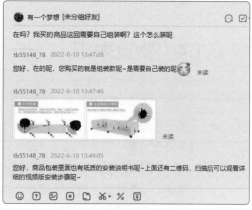

图2-6 帮助客户解决安装问题

- **可做关联销售的商品**：在学习商品知识时，网店客服人员还应熟悉可做关联销售的商品，这样在销售商品时，网店客服人员可以迅速地想到可关联的其他商品，尝试进行关联推荐，提高网店整体销量。需要注意的是，网店客服人员在给客户推荐关联商品时，一定要准确地说出关联的理由，这样客户才容易接受。例如，图2-7所示的网店客服人员在客户咨询保温杯时，向客户推荐了与保温杯有关联的保护套。

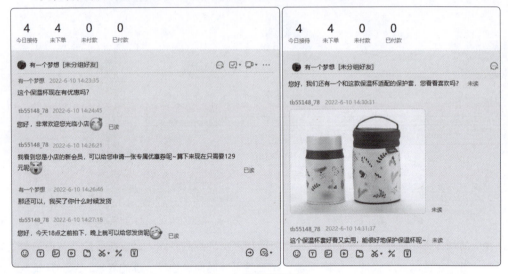

图2-7　推荐关联商品

知识补充

掌握商品的其他知识

除了上述内容，部分网店客服人员可能还需要掌握商品的使用禁忌、真伪辨别方法、生产地等知识。其中，商品的使用禁忌主要是指客户在使用商品的过程中需要规避的一些行为，这类不正确的使用行为有可能无法发挥商品本来的效果，也有可能引起不必要的危险。

↘ 2.1.4　物流知识

物流是网店实现销售的保障，大部分商品只有通过物流配送，才能完成交易过程。因此，网店客服人员除了要掌握与商品相关的知识，还应熟悉物流知识。

- **了解不同的送货方式**：物流的送货方式是影响网店经营的重要环节，目前主流的送货方式主要有平邮、快递和EMS。其中，平邮的价格比较实惠，但是配送时间较长，一般为7～15天。快递的配送时间一般为3～5天，主流的快递公司有圆通快递、中通快递、顺丰快递、申通快递、韵达快递等。EMS的配送时间比前两种方式要短，但价格也较高，一般可以实现当天寄次日达。

- **了解不同物流方式的价格**：了解不同物流方式的计价方法，以及报价的还价空间等，可以在尽量争取优惠价格的同时，为客户提供关于物流选择的专业解答。

- **了解不同物流运输方式的配送时间**：现代物流运输方式分为公路运输、铁路运输、水路运输、航空运输等，网店客服人员需要了解不同物流运输方式的寄达时间。
- **了解不同物流公司的联系方式**：网店客服人员可以准备一份各个物流公司的联系方式清单，同时还需要了解如何查询各个物流公司的网点情况。
- **了解不同物流方式的售后问题**：网店客服人员需要了解不同物流方式的售后问题，包括包裹撤回、地址更改、状态查询、保价、问题件退回、索赔处理等问题的处理方法。

2.2　掌握岗位操作技能

　　网店客服人员的主要职责是帮助客户顺利完成交易。在交易过程中，网店客服人员不仅需要运用平台提供的聊天工具（如千牛工作台、京麦等）与客户交流，还需要熟练使用各项操作工具进行备注、修改价格、处理商品图片等操作。这些都是网店客服人员必须掌握的岗位操作技能。下面以淘宝网店为例，讲述网店客服人员需要掌握的岗位操作技能。

↘ 2.2.1　工具的使用

　　网店客服人员在日常工作中最常用的就是聊天工具，其次是图片处理工具。因此，一名合格的网店客服人员需要熟练掌握聊天工具与图片处理工具的使用方法。

1. 聊天工具

　　千牛工作台是淘宝网店常用的聊天工具，要想熟练使用千牛工作台，网店客服人员先要认识千牛工作台的工作界面，并学会设置自动回复和快捷回复等。

　　（1）认识千牛工作台的工作界面

　　千牛工作台有Windows版和手机版两个版本，其功能基本一致，只是界面和使用场景有些差别，下面以Windows版的千牛工作台为例进行介绍。图2-8所示为Windows版千牛工作台的工作界面，其主要包括4个板块，分别是接待中心、消息中心、工作台和搜索。

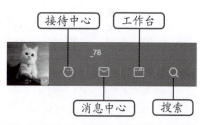

图2-8　Windows版千牛工作台的工作界面

- **接待中心**：通过接待中心板块，网店客服人员可以接收和查看客户消息、与客户沟通交流。此外，在该板块中，网店客服人员还可以查看订单消息、商品信息，设置橱窗推荐和管理交易中的商品等。
- **消息中心**：消息中心是用于查看和阅读系统消息和服务号消息的板块。在该板块中，网店客服人员可以查阅商品消息、成长攻略、营销活动通知等信息，还可以查看淘宝官方发布的一些新闻资讯。
- **工作台**：工作台是千牛工作台的重要板块，通过该板块网店客服人员可以查看网店的访客、订单数、交易数、待付款、待发货等重要信息，还可以对商品、员工、物流等进行管理。千牛工作台中的"生意参谋"是一款用于分析网店数据的非常实用的应用，可以分析网店核心指标、流量等重要数据。

- **搜索**：搜索板块主要用于搜索插件，在文本框中输入相关插件的名称，在打开的下拉列表中即可找到相关插件。

对于网店客服人员而言，接待中心板块的使用频率较高，下面详细介绍接待中心的常用功能。单击工作界面中的"接待中心"按钮，将打开图2-9所示的接待中心操作界面。

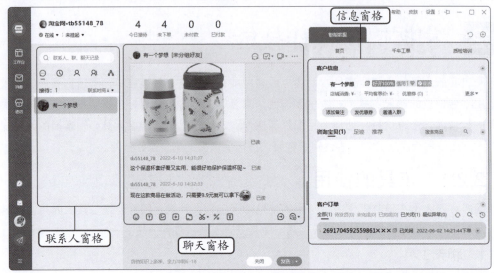

图2-9　接待中心操作界面

- **联系人窗格**：该窗格上方的一排按钮从左至右依次为"联系中""最近联系""我的好友""我的群""我的团队"，可以方便网店客服人员有针对性地找到联系人。找到联系人后，网店客服人员可在右侧的聊天窗格中与客户交流。
- **聊天窗格**：该窗格显示网店客服人员与客户的聊天记录。窗格右上方从左至右依次为"转发消息给团队成员"按钮、"新建任务"按钮、"视频聊天"按钮和"更多"按钮；窗格下方从左至右依次为"选择表情"按钮、"设置字体"按钮、"发送图片"按钮、"发送视频"按钮、"发送文件"按钮、"屏幕截图"按钮、"计算器"按钮、"发红包"按钮、"打开快捷短语"按钮及"查看消息记录"按钮。

拓展知识——聊天窗格常用按钮的功能说明

- **信息窗格**：该窗格主要显示客户的基本信息，包括昵称、信誉、最近交易等信息。如果该客户正在浏览当前网店中的商品，那么该窗格中还会显示客户的浏览足迹、关注的商品等信息。

（2）设置自动回复与快捷回复

当在线客户人数较多或者无法第一时间响应客户信息时，网店客服人员可以在千牛工作台设置自动回复与快捷回复，以提高工作效率，具体操作步骤如下。

微课视频——设置自动回复与快捷回复

① 登录千牛工作台，单击工作界面中的"接待中心"按钮，在打开的"接待中心"界面中选择右上角的"设置"选项，在打开的列表中选择"系统设置"选项。

② 打开"系统设置"对话框，单击左侧列表中的"自动回复"选项卡，在展开的列表中单击 [自动回复] 按钮，如图2-10所示。

③ 打开"客户服务"界面，单击"欢迎语功能"后的 ⬤ 按钮开启该功能，开启后的效果如图2-11所示。

图2-10 单击"自动回复"按钮　　　　　　　图2-11 开启欢迎语功能

④ 单击"欢迎语模板设置"下方的"售前通用（有客服在线）"栏右侧的"编辑"按钮 ✎，在打开界面的"通用模板"栏下方的"欢迎话术（必填）"文本框中输入有客服在线时客户进店的欢迎语（若首次启用该模板，先选中"启用"单选项）。此处输入"您好，在的呢。欢迎光临本店，很高兴为您服务！请问有什么可以帮助您的呢？"，如图2-12所示，然后单击 保存 按钮。

⑤ 返回"客户服务"界面，单击"欢迎语模板设置"下方的"无人接待时（全员挂起或离线）"栏右侧的"编辑"按钮 ✎，在打开界面的"通用模板"栏下方的"欢迎话术（必填）"文本框中输入无人接待时客户进店的欢迎语（若首次启用该模板，先选中"启用"单选项）。此处输入"当前暂无人工客服在线，您可以留言或向智能客服提问，我们将在后续回复您的问题。"如图2-13所示，然后单击 保存 按钮。

⑥ 在"接待中心"界面的聊天窗口中单击"快捷短语"按钮 ☺，右侧列表框中将显示系统自带的快捷短语，这里单击列表框右侧的"新增"超链接，如图2-14所示。

⑦ 打开"新增快捷短语"对话框，在文本框中输入快捷回复内容，此处输入"您的身高、体重是多少呢？我给您推荐一下尺码哦"。然后在"快捷编码"文本框中输入数字"2"，在"选择分组"下拉列表中新增名为"常用话术"的分组，单击 保存 按钮，如图2-15所示。

⑧ 返回"接待中心"界面，在聊天窗口中输入符号"/2"，此时聊天窗口将自动显示新创建的快捷短语，按【Enter】键即可将快捷短语添加到聊天窗口，再次按【Enter】键或单击聊天窗口中的 发送▾ 按钮，便可将消息发送给客户。

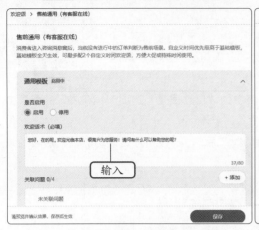

图2-12　设置有客服在线时的售前自动回复

图2-13　设置无人接待时的自动回复

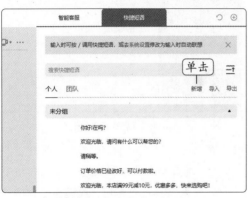

图2-14　单击"新增"超链接

图2-15　新增快捷短语

2. 图片处理工具

在网店中销售商品，更多的是靠商品图片吸引客户。精美的商品图片可以为客户带来良好的视觉感受，使其产生购买欲望。原始商品图片往往会存在各种瑕疵，如图片太大、曝光不足或曝光过度等，此时需要处理商品图片。作为一名优秀的网店客服人员，掌握一些图片处理技能是必要的，包括裁剪商品图片、调整商品图片的亮度/对比度等。

（1）裁剪商品图片

网店的不同模块对商品图片尺寸的要求不同，并且拍摄的商品图片可能会受某些因素的影响导致尺寸太大而不符合实际需要，因此就需要裁剪图片。下面以淘宝商品主图（800像素×800像素）为例，讲解使用Photoshop CS6裁剪商品图片的方法，具体操作步骤如下。

素材所在位置　素材文件\第2章\裁剪商品图片\商品1.jpg

效果所在位置　效果文件\第2章\裁剪商品图片\商品1.jpg

微课视频——裁剪
商品图片

① 安装并启动Photoshop CS6，打开素材文件"商品1.jpg"，单击工具栏中的"裁剪工具"按钮 ，在工具属性栏的"裁剪方式"下拉列表框中选择"1×1（方形）"选项，此时画布中将出现正方形裁剪框，将鼠标指针移至裁剪框内，按住鼠标左键不放，拖动裁剪框，调整裁剪框在图片中的位置，如图2-16所示。

图2-16　确定裁剪区域

② 确定裁剪区域后按【Enter】键完成裁剪。选择【图像】/【图像大小】命令，在打开的对话框中设置像素大小，此处设置"宽度"为"800像素"，"高度"为"800像素"，设置"分辨率"为"72像素/英寸"，单击 确定 按钮，如图2-17所示。

③ 返回图像窗口，查看图片裁剪效果，如图2-18所示，按【Ctrl＋S】组合键保存文件。

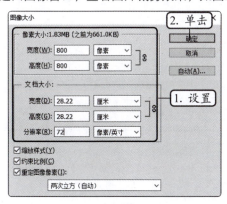

图2-17　设置图像大小

图2-18　裁剪效果

知识补充

按形状裁剪商品图片

使用Photoshop处理图片时，有时需要将图片裁剪成各种不同的形状，如圆形，此时使用裁剪工具无法实现这一效果，但可以通过图层来完成。其方法为：在Photoshop CS6中打开要裁剪的商品图片，单击工具栏中的"椭圆选框工具"按钮 ⬭ ，在图片中适当的位置绘制一个椭圆，然后按【Ctrl+J】组合键，以椭圆形选区内的画面为内容新建一个图层，最后单击"背景"图层前的眼睛形状按钮，将"背景"图层隐藏，即可裁剪出所需的商品图片，如图2-19所示。

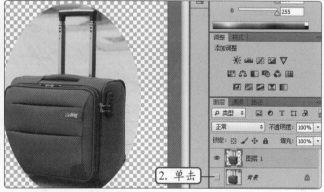

图2-19　按形状裁剪商品图片

（2）调整商品图片的亮度/对比度

有时网店客服人员还需要处理网店自行拍摄的商品图片，调整存在曝光不足、颜色暗淡等问题的商品图片，使商品图片的光影分布更加合理。在Photoshop CS6中，网店客服人员可以通过"亮度/对比度"命令和"色阶"命令来快速调整商品图片的亮度/对比度，具体操作步骤如下。

- 使用"亮度/对比度"命令调整：在Photoshop CS6中网店客服人员可使用"亮度/对比度"命令来快速调节商品图片的明暗区域，使商品图片恢复明亮的色调，但调整时不能太偏离商品原本的色彩。其方法为：在Photoshop CS6中打开要调整的商品图片，选择【图像】/【调整】/【亮度/对比度】命令，打开"亮度/对比度"对话框，设置"亮度"和"对比度"的具体数值，数值为负时表示减小亮度或对比度，反之则表示增加亮度或对比度，然后单击 确定 按钮查看调整效果，如图2-20所示。

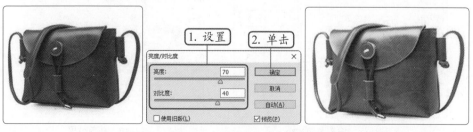

图2-20　使用"亮度/对比度"命令调整商品图片

- 使用"色阶"命令调整：利用"色阶"命令调整亮度/对比度的方法为：在Photoshop CS6中打开要调整的商品图片，选择【图像】/【调整】/【色阶】命令，打开"色阶"对话框，在"输入色阶"区域中拖动左边的黑色滑块、中间的灰色滑块及右边的白色滑块，或直接在数值框中输入数值来调整对应的颜色，以优化图片中黑、灰、白3个色阶的显示质感，最后单击 确定 按钮，如图2-21所示。

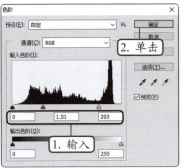

图2-21　使用"色阶"命令调整商品图片

知识补充

色阶直方图中滑块的相关解释

在色阶直方图中，从左至右分别有黑色滑块、灰色滑块和白色滑块3个滑块。其中，黑色滑块表示阴影，灰色滑块表示中间调，白色滑块表示高光。在直方图中，像素主要集中在左侧，表示图片偏暗；像素主要集中在右侧，表示图片偏亮；像素集中在中间，表示图片明暗对比不足；像素主要集中在两边，表示图片明暗对比太强烈。

拓展知识——其他调整图片亮度/对比度的方法

↘ 2.2.2　后台操作

网店所有有关经营的操作（如物流管理、商品管理及网店管理等）都可以通过千牛工作台来完成。因此，作为一名网店客服人员，掌握后台的操作方法是必不可少的。后台需要操作的内容较多，网店客服人员一般只需要掌握常用的几项操作，如查询订单、订单改价、备注客户信息、修改订单信息及退款等。

1. 查询订单

查询订单是网店客服人员日常工作中常用的操作。查询订单的方法很简单，网店客服人员可通过商品名称、客户昵称或订单编号等查询。下面介绍利用订单编号查询订单的方法，具体操作步骤如下。

（1）登录千牛工作台，单击工作界面中的"工作台"按钮▣。

（2）进入"工作台"界面，单击左侧列表中的"交易"选项卡，此时

微课视频——查询订单

将自动打开"已卖出的宝贝"界面，如图2-22所示。

（3）在"订单编号"文本框中输入要查询的订单编号，此处输入"2677137773219444 6546"，然后单击 搜索订单 按钮，如图2-23所示，随后在"近三个月订单"选项卡中即可看到搜索结果。

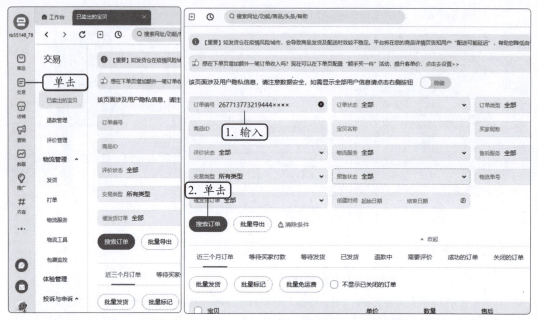

图2-22　单击"交易"选项卡　　　　图2-23　输入订单编号搜索订单

2. 订单改价

在网上销售商品和在实体店销售商品一样，同样会遇到讨价还价的客户，这时网店客服人员可能需要修改最初设定的价格。网店客服人员需要注意，订单改价只针对交易状态为"等待买家付款"的订单，如果客户已付款，则无法修改订单价格。通过后台修改订单价格的具体操作步骤如下。

微课视频——订单改价

（1）进入"工作台"主界面，单击"交易"选项卡，在自动打开的"已卖出的宝贝"界面中单击"等待买家付款"选项卡，如图2-24所示。

图2-24　单击"等待买家付款"选项卡

（2）找到需要修改价格的订单，单击该订单中的"修改价格"超链接，如图2-25所示。

图2-25 单击"修改价格"超链接

（3）在打开的对话框中可进行修改价格和运费的操作。其中，价格可以通过打折和直接输入增加或减少的金额来设置，运费可以通过直接输入金额或单击 ✐免运费 按钮来设置。这里将折扣设置为"9折"，运费设置为"0"，然后单击 确定 按钮，如图2-26所示。

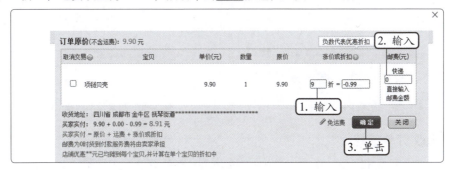

图2-26 修改订单价格

（4）返回"已卖出的宝贝"界面，其中将自动显示订单修改后的价格，如图2-27所示。

图2-27 修改后的订单价格

3. 备注客户信息

在交易过程中，网店客服人员如果与客户有特殊约定，如赠送小礼物、写祝福卡片等，可以为订单添加备注。备注客户信息的操作非常简单，进入"已卖出的宝贝"界面后，单击需要备注的订单右侧的灰色旗帜按钮 ▶，如图2-28所示，在打开的对话框中添加备注即可。此处选中红色旗帜（即第一个单选项），然后输入"客户希望周末送货"的备注内容，最后单击 确定 按钮，如图2-29所示。此时，订单右侧的旗帜由灰色变为红

微课视频——
备注客户信息

色，将鼠标指针移至旗帜上方，可以查看添加的备注信息，如图2-30所示。

图2-28 单击"旗帜"按钮

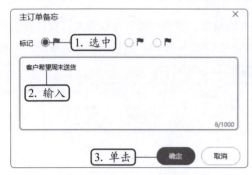

图2-29 输入并保存备注内容

图2-30 查看添加的备注信息

4. 修改订单信息

客户在拍下商品并完成付款后，有时可能会遇到一些特殊情况，需要网店客服人员修改订单信息。此时，网店客服人员就需要通过后台进行修改，具体操作步骤如下。

微课视频——修改订单信息

（1）进入"已卖出的宝贝"界面，在其中找到需要修改的订单，然后单击该订单对应的"详情"超链接。

（2）打开的界面中显示了当前订单的状态信息，单击 修改收货地址 按钮，如图2-31所示。

图2-31 单击"修改收货地址"按钮

（3）在打开的对话框中修改买家信息，其有智能修改和手动修改两种方式。其中，在智能修改方式下，粘贴买家发送的地址或输入买家地址，系统会自动识别修改。若要手动修改，需先单击"手动修改"栏右侧的 ◎ 按钮。此处手动修改客户的收货地址，如图2-32所示，最后单击 确认修改 按钮完成修改。

（4）返回"查看详情"界面，在底部的"宝贝属性"栏中单击"修改订单属性"超链接，如图2-33所示。

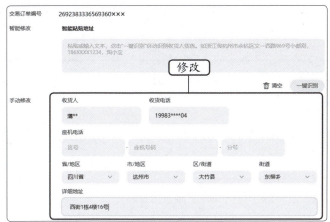

图2-32　修改收货地址

图2-33　单击"修改订单属性"超链接

（5）在打开的"卖家修改订单属性"对话框中可对商品的尺码和颜色进行修改，此处选择尺码："内长21cm"、颜色分类："乳白色"，如图2-34所示，单击 确定 按钮完成修改。

（6）返回"查看详情"界面，此时"宝贝属性"栏中显示的便是修改后的订单信息，如图2-35所示。

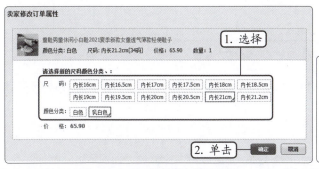
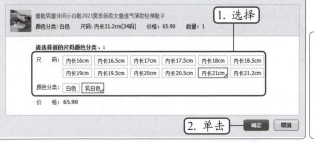

图2-34　修改商品的尺码和颜色

图2-35　修改后的订单信息

5. 退款

客户收到商品后不满意要求退货，或者因为商品有瑕疵等要求退款时，会发起退款或退货退款申请。此时，网店客服人员需要在千牛工作台中进行退款或退货退款操作。下面以某客户发起的退款申请为例介绍退款的相关操作，具体操作步骤如下。

微课视频——退款

（1）进入"已卖出的宝贝"界面，查看存在退款申请的订单，单击"售后"栏中的"请卖家处理"超链接，如图2-36所示。

图2-36　单击"请卖家处理"超链接

（2）进入"退款售后详情"界面，其中显示了退款的原因、金额及货物状态等信息。如果同意退款，直接单击[同意退款]按钮，如图2-37所示。

图2-37　单击"同意退款"按钮

（3）在打开的界面中输入支付宝支付密码后，单击[确定]按钮，如图2-38所示。稍后将会出现退款成功的消息提示，如图2-39所示。

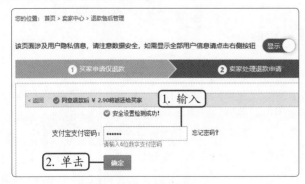

图2-38　输入支付宝支付密码

图2-39　退款成功

需要注意的是，如果客户发起的是退货退款申请，网店客服人员需要先处理其退货申请，待收到客户发出的商品，并且验收无误后，再给客户退款。

2.3　养成客服的基本素质

一名合格的网店客服人员除了掌握平台、商品和物流等知识，以及相关的操作技能外，还需要具备一些基本素质，包括良好的语言表达能力、良好的心理素质和快速的响应速度等。

⬋ 2.3.1　良好的语言表达能力

良好的语言表达能力是网店客服人员需要具备的基本且重要的能力，这要求网店客服人员能够准确表达自己的意思，口齿伶俐、能言善辩，以便在与客户交谈的过程中推销商品、促成交易。

拓展知识——提高
语言表达能力的
方法

案例演示：

👤：您好，我想为我家孩子买个玩具，有什么推荐的吗？

🧑：您好，很高兴为您服务！请问您家孩子平常喜欢哪种类型的玩具，孩子多大了呢？

👤：快7岁了，他也没有什么特别喜欢的玩具，但是对需要动脑筋的玩具比较感兴趣。

🧑：这几款是我们店里的拼图玩具，很精美，能锻炼孩子的思考能力，您看看喜欢吗？

🧑：我家也有一个6岁的孩子，孩子的玩具还要特别注意安全问题，这几款玩具采用的都是环保油墨，十分安全！

👤：那可真是太好了，我下单了。

🧑：好的！非常感谢您对小店的支持，我们将继续努力，为您提供高质量的商品、优良的服务，欢迎您再次光临！

上述案例中，网店客服人员在与客户沟通时，选择从家长的角度出发，这就与客户形成了共鸣，最终促使客户下单。

⬋ 2.3.2　良好的心理素质

网店客服人员在为客户服务的过程中常常会遇到各种压力和挫折，没有良好的心理素质就很难适应这一岗位。网店客服人员应具备的心理素质包含以下内容。

● **应变能力素质**："处变不惊"的应变能力素质对网店客服人员来说至关重要，较好的应变能力素质有助于促成订单，应变能力素质较差则可能导致客户流失，甚至出现差评。

● **情绪管理素质**：网店客服人员每天会和几十甚至上百位客户交流，虽然大多数客户是善解人意的，但可能有个别客户比较难沟通，甚至言语过激，此时网店客服人员的情绪可能受对方影响而失控，出现言语不当的情况，这不仅会影响网店形象，还可能违反平台规则。因此，网店客服人员应做好个人情绪管理，以专业的态度面对客户。

- **抗打击能力素质**：如果网店客服人员不具备较好的抗打击能力素质，那么很容易在与客户沟通不畅时无法摆脱困境，从而影响自身的心理和行为。在面对客户的投诉或抱怨时，网店客服人员要保持积极、乐观的工作态度。
- **善于发现工作价值的素质**：网店客服工作看似简单，实质上是在帮助他人，因为网店客服人员的一句安抚可能会让暴躁的客户不再发脾气，简单的一句话可能会帮助客户挑选到心仪的商品。所以，网店客服人员在工作中要学会换位思考，善于发现工作的价值，肯定自己，从而更好地从事网店客服工作。

↘ 2.3.3 快速的响应速度

快速的响应速度同样是网店客服人员必备的基本素质，因为网店客服人员的响应速度与客户的购物体验有直接关系，如果不能及时给客户回复，很有可能导致客户流失。网店客服人员要想提高自己的响应速度，可以采用以下方法。

- **提高打字速度**：在文字输入方面，网店客服人员至少应该熟练掌握一种输入法，能够盲打，并且输入速度不能太慢，一般应保持在80～120字/分。在闲暇时间，网店客服人员可以利用金山打字通等打字软件勤加练习，提高自己的打字速度。
- **设置快捷回复短语**：网店客服人员可以根据平常客户常问到的一些问题，设置好快捷回复短语，若遇到相关的问题，则可以实现快捷回复。但需要注意的是，快捷回复短语不要太死板、无情绪变化，否则客户会没有继续沟通的欲望。图2-40所示为某网店客服人员设置好的快捷回复短语，这不仅可以提高响应速度，而且由于回复的语气也很活泼、生动，能很好地拉近与客户的距离。

图2-40 某网店客服人员设置好的快捷回复短语

- **使用智能客服机器人**：在客户咨询量比较大的时候，使用智能客服机器人也可以帮助网店客服人员提高响应速度。例如，淘宝中的阿里店小蜜、京东的京东小智等都是智能客服机器人，其可以精准地理解客户意图、高效解决客户常见的问题，以简单、高效、拟人的方式给客户提供想要的答案。

需要注意的是，在接收到客户发送的第一个消息时，网店客服人员的反应时间不能超过20秒。一般来说，网店客服人员可以采用如下的欢迎语。

（1）"您好，我是客服××，很高兴为您服务，有什么我可以效劳的？（加上笑脸表情）。"

（2）"您好，欢迎光临××旗舰店，客服××竭诚为您服务（加上笑脸表情）。"

（3）"您好，欢迎光临，我是××（网店名称）的客服××，很高兴为您服务。"

（4）若是之前光顾过的客户再次光临，可以回复"欢迎您的再次光临，有什么需要帮助的吗？××很乐意为您服务"。

2.4　了解不同客户的心理差异

所谓"知己知彼，百战不殆"，明白客户心里想什么、要什么，网店客服人员才能让自己的推销更有针对性，切合客户实实在在的需要，提高交易成功的概率。一般来说，客户的购买习惯、购买倾向并不是与生俱来的，其购买心理往往会因为年龄、性别、消费心理等的不同而不同。

2.4.1　不同年龄客户的心理差异

客户的消费心理在很大程度上受年龄的制约。年龄偏小、心智尚未成熟的客户见到的、接触到的东西不多，能让他们产生购买意愿的商品就很多；年龄大一点的客户心智更加成熟，他们的消费心理与年龄偏小的客户存在着很大差别。下面将不同年龄客户的心理差异进行汇总，如表2-1所示。

表 2-1　不同年龄客户的心理差异

年龄划分	心理
少年儿童 （5～18岁）	少年儿童通常没有独立的经济能力，自主决定权十分有限，因此需要购买的商品一般由其父母确定。其特点是目标明确、购买迅速
青年群体 （19～34岁）	这是一个充满活力的群体，他们思想前卫，自我意识较强，且经济独立，消费观念十分开放，喜欢购买新颖、时髦的商品。其购买动机易受到外部因素的影响，具有明显的冲动性，一般不太会考虑价格
中年群体 （35～64岁）	这一群体工作基本稳定，收入也较有保障，但他们因为大多已成家立业，所以在购物消费上没有青年群体那么自由。他们购物时很理智，购买的商品讲究经济实用，同时对使用价值高、节约做家务时间的商品感兴趣
老年群体 （65岁及以上）	这一群体收入相对稳定（以养老金为主），但保守的消费观念使这个群体的网购人数并不多。随着网络的进一步普及，他们对新事物开始慢慢接受。对已步入网购行列的老年群体来说，他们的购买习惯稳定，不易受广告影响，且对新商品持怀疑态度，对能增强身体素质的商品比较感兴趣

2.4.2　不同性别客户的心理差异

除了年龄因素外，性别也会对客户的消费心理产生较大的影响。

1. 女性客户

当今，女性客户是电子商务平台上比较活跃的消费主力。方便、快捷的购物模式使得女性客户非常热衷于网上购物。总体来说，女性客户的购物特点主要如下。

- **购买目标模糊**：许多女性客户的消费行为都是在"逛"中产生的，她们在购买商品前并不清楚自己究竟要购买什么，她们通常会在浏览网页和网店的过程中发现购买目标，再进行选择性购买。
- **情绪化购物较为严重**：一些女性客户会因为情绪的变化而购买商品，并通过购物来表达或缓解情绪。例如，一些女性客户会在好情绪的驱使下产生购买想法，如发工资时、获奖时等。
- **乐于对比**：女性客户如果对某件商品产生了购买欲望，会不惜花费大量的时间查看同类商品，从价格、客户评价、销量、客户服务等方面进行比较，最终购买多方面占优势的商品。
- **易受商品价格变动的影响**：减价促销、清仓放送等促销活动非常能调动女性客户的购物欲望。例如，当关注许久的商品突然降价、喜欢的品牌突然开展促销活动时，即使某些商品并不是当前需要的，一些女性客户也会选择购买。一般来说，侧重价格的广告信息很容易让女性客户心动。
- **看重商品细节**：女性客户购买商品时对商品的细节要求较为严格，即便这种细节并不影响商品的使用，她们也会因为商品的不完美产生抗拒感，进而拒绝购买有瑕疵的商品。

2. 男性客户

相比于女性客户，男性客户网上购物的频次较低，他们在网上购物时一般具有以下特点。

- **购买目标明确**：男性客户在购买商品之前比较清楚自己的购买目标，在电子商务平台搜索商品时大多只会关注自己需要购买的商品，不会过多注意其他商品。
- **购买决策果断、迅速**：相对于女性客户，男性客户在购买商品时显得更为果断，他们在搜索商品时常常按照自己对商品的排序进行选择，如按照人气排序、按照销量排序等。
- **重视商品的整体品质**：男性客户选购商品时以质量、性能为主，目的性很强，不过多考虑价格；对于商品细节上的瑕疵，他们通常认为只要不影响商品的正常使用即可。
- **购买过程图方便、快捷**：男性客户对整个购物流程的基本要求主要是方便、快捷，他们通常希望网店客服人员能为他们推荐商品，并附上链接，以省去他们逛网店的时间；男性客户很少细致地浏览商品详情页，大多只会挑几个自己关心的问题咨询网店客服人员，如果没有问题，就会直接购买。

↘ 2.4.3 不同消费心理的需求差异

消费心理是客户购买商品时的一系列心理活动，网店客服人员对客户的消费心理进行研究，可以更加准确地服务客户。表2-2所示为不同消费心理客户的需求差异及客服可采取的应对措施。

拓展知识——不同消费心理的特点

表2-2　不同消费心理客户的需求差异及客服可采取的应对措施

消费心理	需求特征	应对措施
求实心理	追求商品的实用性，对商品的面料、质地和工艺比较挑剔。这类客户讲究实惠，主要根据实际需要选择商品，其消费行为是一种理智的消费行为	网店客服人员要体现出自己的专业性，以真诚、专业、求实、耐心的态度获取客户的好感，增加商品在客户心中的可买性
求美心理	追求商品的美感，着重关注商品的款式、色彩、时尚性，以及商品包装的艺术欣赏价值等。除了商品本身的美，其还注重广告创意的新颖性等	网店客服人员尽量推荐店内款式比较时尚、颜色独特的商品，并结合当今流行趋势，强调该商品设计师的思路、设计风格定位。另外，还要对客户多加夸奖和肯定
求名心理	以表现身份、地位及价值观为主要购买目的，注重品牌、价位和公众知名度的购买心理，我们称为客户的求名心理。该类心理的客户的购买能力和品牌意识非常强，他们常常表现出购买高知名度商品的倾向，并希望网店客服人员能提供与品牌价值相符的服务，对客服人员专业素养和服务态度的要求更高	网店客服人员要重点介绍品牌的历史、品牌内涵，以及品牌在行业内的地位与知名度，在推荐商品时要善于赞美，顺从客户的意愿
求速心理	以追求快速、方便为主要购买目的，注重购买的效率。这类客户通常比较繁忙，时间意识比较强，想利用最短时间、最简单的方式买到优质商品。这类心理的客户对商品的价格不会太在意，只要能保证商品的质量和购买的速度即可	网店客服人员要主动将适合客户需求的商品罗列出来，让客户挑选或体验，并做出售后服务的承诺，让客户放心、安心，直截了当，迅速成交
求廉心理	求廉心理是一种想少花钱多办事的心理，其希望用最少的付出换回最大的效用，获得商品最大的使用价值。该类心理的客户在选购商品的过程中总会选择价格较为低廉的商品，即以获得超值、低价商品为主要购买目的，注重商品的实惠与廉价	网店客服人员应做到热情接待，向客户推荐性价比高的商品，并提出下单就赠送一份小礼品，同时，还要强调商品即使优惠，品质与服务也能保持一致性
求安心理	追求安全、健康、舒适，注重商品的安全性、舒适性与无副作用的消费心理。抱有这类消费心理的客户自我呵护与健康意识较强，普遍性格谨慎，对商品的面料、里料、配件的质量比较敏感，对商品品质要求也很高	网店客服人员应强调商品面料、里料及配件的安全性与环保性，借助官方权威的证明，如向客户发送商品的制作过程和实验流程的视频，让客户认识到商品有安全保障
求同心理	也叫从众心理，是一种以追求与名人或大众消费相同的消费心理。该类心理的客户趋向于"跟风"和凑热闹，没有特定的自我购买要求，对商品的判断力和主张性不强	网店客服人员要主推畅销款，强调很多人都已购买，而且购买后非常满意。不需要过多地介绍商品，展示销量和评价便可让客户信服

续表

消费心理	需求特征	应对措施
求惯心理	有特定的购物习惯，这类心理的客户往往注重自己偏爱的品牌和款式，对即将购买的商品充满了信任感。在选择商品时，他们会根据自我的兴趣偏好进行选择	网店客服人员要高度重视，尽全力做好"一对一"服务，多多了解客户以往购买商品的款式、颜色喜好，为客户推荐他们所偏爱的商品。另外，网店客服人员还可以利用客户的消费积分及会员权益等促进客户的重复购买

实训演练

↘ 实训1：体验千牛工作台的基本操作

【实训背景】

李某是一家服饰品牌淘宝网店的客服人员，入职不久的他在负责人的带领下，基本了解了淘宝的平台规则、商品的基本知识、物流知识等。接下来，负责人将带领他学习千牛工作台的基本操作。

【实训要求】

登录千牛工作台，查看千牛工作台的工作界面，然后在消息中心中查看账号接收到的各种消息，并完成快捷短语的设置、在订单中为客户备注"客户要求不要把快递放在门卫室"等操作。

【实训目标】

（1）认识千牛工作台的工作界面。

（2）查看千牛工作台的消息中心板块，并查阅账号收到的消息。

（3）掌握快捷短语的设置。

（4）掌握备注客户信息的操作。

【实训步骤】

（1）下载并登录千牛工作台，查看其工作界面的各大板块，了解各个板块的组成和主要功能。

（2）单击工作界面中的"消息中心"按钮✉，进入"消息中心"查看账号收到的各种系统消息。

微课视频——体验千牛工作台的基本操作

（3）单击工作界面中的"接待中心"按钮◉，进入"接待中心"界面。

（4）在聊天窗口中单击"快捷短语"按钮⊝，单击列表框右侧的"新增"超链接。

（5）打开"新增快捷短语"对话框，在中间的文本框中输入快捷回复内容，此处输入"您好，在的呢，欢迎您光临小店！请问有什么可以帮助您的呢？"。然后在"快捷编码"文本框中输入数字"1"，在"选择分组"下拉列表框中新增名为"欢迎语"的分组，单击 保存 按钮。

（6）单击工作界面中的"工作台"按钮▦，进入"工作台"首页。单击左侧列表中的"交易"选项卡，在打开的"已卖出的宝贝"界面中找到需要添加备注的订单。

（7）单击订单右侧的灰色旗帜按钮▮，在打开的对话框中进行添加备注操作。此处，单击选中黄色的标记颜色，然后输入"客户要求不要把快递放在门卫室"的备注内容，最后单击 确定 按钮。

⬊ 实训2：分析客户的消费心理并设计应对方案

【实训背景】

赵某是某服饰品牌淘宝网店的客服人员，图2-41所示为她与某位客户的聊天记录，试判断该客户的消费心理，并分析她的回复是否合适，若不合适，试着给出优化方案。

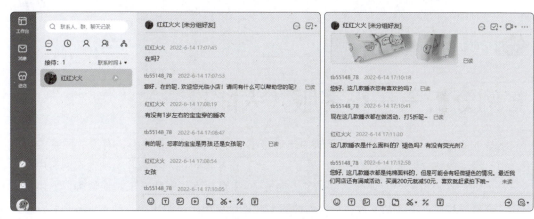

图2-41　聊天对话

【实训要求】

请同学们阅读案例中的聊天内容，先判断该客户的消费心理，并给出判断依据；再分析案例中赵某的回复是否合适，有什么不妥之处；最后针对客户的消费心理对赵某的回复进行优化。

【实训目标】

（1）了解客户的不同消费心理。

（2）熟练掌握不同消费心理客户的应对措施。

【实训步骤】

（1）判断客户的消费心理。案例中的客户属于典型的求安心理，这是因为客户在与网店客服人员的交流过程中，询问了睡衣的面料、睡衣是否会褪色、睡衣是否含荧光剂等问题，可以看出其追求的是商品的安全、健康、舒适，注重商品的安全性、舒适性与无副作用。

（2）分析赵某的回复是否合适。在与客户的对话过程中，赵某反复强调的是商品正在做活动，客户购买后不仅打5折还能参加满减活动，这并不适用于求安心理的客户。

（3）提出优化方案。对于求安心理的客户，网店客服人员应强调商品的安全性与环保性，并着重强调面料的亲肤舒适、不含荧光剂等。可供参考的对话示例如下。

 这几款睡衣是什么面料的？褪色吗？有没有荧光剂？

您好，这几款睡衣都是A类纯棉面料，布面细腻亲肤，不闷汗！严格把控染色工艺，不易褪色呢！

您好，这是我们睡衣的检验报告（此处省略图片），都是严格执行国家婴幼儿产品安全技术规范的呢！保证不含荧光剂！

 好的，我在里面选两件试试。

您好，我们网店现在还有促销活动可以参加呢，入会就可以参加满200元减50元的活动，非常划算！您有兴趣吗？

 可以的，你教教我怎么操作吧！

案例分析——小客服，大能量

　　刚毕业的王某是他们网店客服团队中年龄最小的一名成员，在热心、有爱的同事的帮助下，她已经可以独立处理客户的许多问题了。一天，王某接待的一名客户反映他在网店中购买了一箱抽纸，收到货后却发现商品发错了，变成了4瓶漱口水。随即，王某便请客户提供相关图片。查看图片后，王某却发现客户收到的商品并不是自己所在网店的。她告诉客户后，客户却表示刚刚开箱，面单上也注明了商品是抽纸。看到客户的回复后，王某表示要先去核实一下情况，并保证在24小时内答复客户。王某先联系了仓库人员说明了情况，仓库人员随后便提供了出库视频，视频证实仓库人员发出的确实是抽纸。紧接着，王某又联系了客户取货的快递网点，但奇怪的是，快递网点出具的底单证明也显示客户收到的商品就是一箱抽纸。

　　双方提供的证明均显示没有任何异常，到底是怎么回事？找不出答案的王某在心中暗暗告诉自己不要着急，于是她又仔细观察了客户提供的图片和仓库人员提供的出库视频。终于，王某发现了问题：客户拍摄的图片中显示纸箱上贴了两张面单，而仓库人员提供的视频中显示只有一张面单。她想，会不会是送货途中出现了问题。于是，她立刻联系了合作的快递公司，向其告知了此订单的情况，并要求快递公司核实该订单的送货过程是否出现了问题。在与快递公司沟通了数次后，终于有了答案——原来是快递换单打印过程中将商品搞错了，将别人的商品送到了该客户处。

　　最后，王某将订单情况告诉了客户，并向客户表达了歉意。随后，快递公司也上门将客户的商品进行了更换。收到货后，客户向王某表达了谢意，他表示自己是第一次遇到这种情况，王某的耐心、负责任让他备受感动。

　　点评：该案例中的王某尽管年龄小，却遇事不乱，在接到客户反馈后，她细致入微、沉着冷静，快速准确地为客户提供了解决方案。王某用专业和担当为网店赢得了客户的赞赏和信任。

课后练习

1. 选择题

（1）[单选]（　　）是一种通过欺骗性的电子邮件和伪造的Web站点来进行网络诈骗的方式。

  A. 木马程序   B. 网络钓鱼   C. 计算机病毒   D. 流氓软件

（2）[单选]（　　）即反映商品品质的主要指标，如尺寸、体积、重量、型号等。

  A. 商品规格   B. 商品基本属性

  C. 商品参数   D. 商品包装属性

（3）[多选]下列有关千牛工作台的说法中，错误的有（　　）。

  A. 千牛工作台的接待中心是一个用于查看和阅读系统消息和服务号消息的板块

  B. 通过消息中心板块，网店客服人员可以接收和查看客户消息

  C. 在千牛工作台中可以查看网店客服人员与客户的聊天记录，包括文字和图片

  D. 在千牛工作台的搜索板块中可以搜索客户订单

2. 填空题

（1）＿＿＿＿＿＿＿＿是指潜伏在计算机中，可受外部用户控制以窃取本机信息或者控制权的程序。

（2）在Photoshop CS6中，我们可以通过＿＿＿＿＿＿＿＿、＿＿＿＿＿＿＿＿命令来调整图片的亮度/对比度。

（3）＿＿＿＿＿＿＿＿的客户追求商品的美感，着重关注商品的款式、色彩、时尚性，以及商品包装的艺术欣赏价值等。

3. 判断题

（1）骚扰他人是指网店对客户实施骚扰、侮辱及恐吓等妨害他人合法权益的行为。（　　）

（2）订单改价只针对交易状态为"等待买家付款"的订单，如果客户已付款，则无法修改订单价格。（　　）

（3）求实心理是一种想少花钱多办事的心理，其希望用最少的付出换回最大的效用，获得商品最大的使用价值。（　　）

4. 简答题

（1）作为一名网店客服人员，应当具备哪些基本素质？

（2）网店客服人员要了解和储备的基本知识有哪些？

（3）客户有哪些消费心理，网店客服人员应如何应对有不同消费心理的客户？

5. 实践题

（1）假设你是一名刚入职的网店客服人员，现在店长分配了一个账号给你，要求你登录千牛工作台查看消息，并处理客户问题。其具体要求如下。

① 在网上搜索并下载千牛工作台，然后用店长分配的账号登录千牛工作台。

② 进入"消息中心"界面查看接收到的各种系统消息，如营销信息等。

③ 进入"接待中心"界面，设置"您好，请不要着急，我先核实一下情况，稍后再回复您。"的快捷短语。

④ 为客户的订单修改联系电话。

（2）如下所示为某网店客服人员与客户的对话，阅读后回答以下两个问题。

 在吗，这款运动鞋最近有什么促销活动吗？

您好，在的呢，这款运动鞋是我们的新品，是××同款呢，没有做促销优惠活动哦。

 那在你们网店下单，会送什么小礼品吗？比如袜子之类的。

您好，实在抱歉呢，没有哦，我们网店的袜子都是正价销售的，是不作为礼品赠送的呢。

 好吧，太贵了，我等打折的时候再买吧。

① 案例中的客户属于哪种类型的消费心理？

② 假如你是这名网店客服人员，你会如何促进该客户下单？

第3章
接单——售前客服

引导案例

　　王某从事网店客服有半年时间了，随着工作经验的不断积累，他的订单量一路攀升，今天他又接待了一个"挑剔"的客户。下午，该客户对商品提出了质疑——"为什么一样的商品，你们店比其他店的要贵20元"。收到消息的王某回答："您好！非常感谢您关注我们的商品，我不太清楚其他店的商品情况，但是我们的商品是厂商直销，且提供了7天无理由退换货和全国联保服务。表面上看我们的价格是高了些，但我们会返给您相应的积分，可以在下次购物时当现金抵用，并且还有精美礼品相送呢！"该客户在听完王某的回答后，马上就下单并完成了付款。

　　由此可见，网店客服人员的售前服务是客户体验的第一道关卡，网店客服人员要在接待客户时始终保持良好的服务态度，以专业技能和真诚服务打动客户，为客户提供专业、贴心的全面服务。

学习目标

＊　能够灵活运用沟通技巧和专业知识来接待客户，解答客户的疑问。

＊　能够挖掘客户需求，向客户推荐其需要的商品。

＊　能够灵活运用说服客户下单的方法，并促成订单。

素养目标

＊　培养专业的业务能力与风险意识，保证客户个人信息的安全。

＊　提供真诚、耐心、热情的服务，培养积极进取、永不言弃的良好心态。

3.1 接待客户

接待客户是售前客服人员的主要工作。在接待客户的过程中，售前客服人员要把握好客户进店后的每个流程，让客户在每一环节都能享受到专业、贴心的服务。一般来说，接待客户的流程主要包括做好接待准备、与客户沟通、解决客户问题。

↘ 3.1.1 做好接待准备

接待前做好充分的准备是保证工作质量的前提。对于售前客服人员而言，接待准备工作主要包括端正服务态度、整理并熟记售前服务术语。

1. 端正服务态度

态度决定一切，细节决定成败。售前客服人员在接待客户前要端正服务态度，确保始终保持热情、礼貌、耐心和尊重的服务态度。

- **热情**：售前客服人员不同于实体店导购员，无法通过面对面的真诚微笑和行动等来体现自己的热情，因此，在服务过程中，售前客服人员要注意尽量避免使用一个字（如"是""哦""嗯""好""在"等）来回答客户，可以适量增加一点文字，让客户感受到被重视。例如，客户询问"在吗"，售前客服人员可以说"您好，在的呢，请问有什么可以帮助您的呢"。此外，售前客服人员还要注意提升服务的响应速度，快速回应客户，让客户感受到售前客服人员的热情，以及对自己的在意和重视。

知识补充

售前客服人员离开工位的处理

售前客服人员难免会有离开工位的情况，如上卫生间、吃饭、开会等。此时，售前客服人员就要将千牛工作台设置成"忙碌"或"离开"状态，以免客户因为得不到回应而产生误会。

- **礼貌**：保持礼貌可以帮助网店树立良好的服务形象，加深售前客服人员在客户心中的良好印象；在接待客户的过程中，亲切的礼貌用语可以快速拉近售前客服人员与客户之间的关系，让客户感受到服务的热情与真挚。常用的礼貌用语有请、您、谢谢、对不起等。

拓展知识——常用礼貌用语和禁语

- **耐心**：许多客户对初次接触的网店抱有怀疑，因此售前客服人员要保持耐心。面对客户的疑问，售前客服人员需要耐心地回答客户，并积极解除客户的疑惑；面对客户的质疑，售前客服人员更要以理服人，耐心地解释、聆听、等待客户的回应，消除客户的担心。

案例演示：

🔴：这款运动鞋是正品吗，怎么这么便宜？

：这款运动鞋保证是正品呢。之所以比其他网店便宜，是因为我们直接从工厂拿货，省去了很多中间环节。如果您不放心，可以在官方网站输入商品防伪涂层底部的防伪码来验证真伪。

：这款运动鞋闷脚吗？

：这款运动鞋采用透气网面设计，不易闷汗呢！

：这款运动鞋尺码正吗？

：这是这款运动鞋的尺码对照表，您平常运动鞋穿大码就可以拍大码哦。

上述案例中，客户关于商品有很多疑问，甚至对商品抱有怀疑。面对这类客户，售前客服人员唯一的解决办法便是耐心地回答，尽自己最大的能力去解答客户的疑问，消除客户的疑惑与担心，说不定对方就能变成网店的忠实客户。

● 尊重：尊重客户是接待客户时的基本要求，只有充分尊重客户的自由选择权和人格尊严，才能让客户愿意购买网店的商品，进而给网店带来利润。尊重客户需要做到不与客户争论、包容客户的观点、不急于插话和抢话，以及尊重客户的选择。

2. 整理并熟记售前服务术语

在接待客户时，客户咨询的问题有很大的重复性。基于这个特点，为了提高响应速度和工作效率，售前客服人员会使用一些售前服务术语。表3-1所示为常用的售前服务术语，售前客服人员可以结合网店及商品的特点，在此基础上整理并熟记可能用到的售前服务术语。

表3-1　售前服务术语

场景	客服回复话术
客户进店	（1）您好，欢迎光临××小店！我是您的售前客服人员××，很高兴为您服务 （2）亲爱的顾客朋友，欢迎光临小店，本店商品全场满2件打8折，且有神秘小礼物赠送，快来选购吧
客户咨询商品	（1）您的眼光真不错，这款商品实物比照片更好看哦 （2）您选购的这款鞋子是我们店里的热门款哟，许多客户买回去后都说既美观又舒适呢
客户议价	（1）我们店的商品质量是有保证的哟！俗话说"一分钱，一分货"，您可以对比一下其他店的商品，请您多多理解。需要的话联系我哟 （2）真的非常抱歉！您说的折扣真的很难申请到。要不我再给您申请赠送一份小礼品可以吗
向客户告别	（1）感谢您的惠顾，您的满意就是我们最终的目标，祝您购物愉快，欢迎下次光临哦 （2）感谢您的惠顾，若有问题可随时咨询我哦，欢迎下次光临 （3）感谢您的信任，祝您购物愉快，有需要随时找我哦

↘ 3.1.2 与客户沟通

与客户沟通贯穿于售前客服人员的整个接待工作中，为了拉近与客户的距离，提升客户对网店、商品及服务的好感度，售前客服人员可以利用如下沟通技巧。

- **巧用表情**：在线沟通最大的局限就是不能用面部表情、手势等来表达意思，单靠文字很难让客户感受到情绪变化，因此，在与客户沟通的过程中，售前客服人员可以多多利用表情来弥补这一缺陷。图3-1所示为售前客服人员常使用的表情。

图3-1 售前客服人员常使用的表情

- **及时回复**：一名合格的售前客服人员必须要能快速响应客户，在服务速度和效率上使客户满意。响应速度一般可以分为首次响应时间和平均响应时间，首次响应时间在10秒以内比较合理，而回复客户咨询所用时间的平均值在16秒以内较为理想。
- **不直接否定客户**：在与客户沟通的过程中，客户可能提出一些售前客服人员无法满足的要求或表达的观点有误，此时售前客服人员不能直接否定客户表达的内容，要以比较委婉的方式表述；同时也要注意，不否定并不意味着同意客户的观点，售前客服人员应该在坚持原则、不损害网店利益的前提下回复。例如，客户询问"这个裙子可以优惠些吗"，售前客服人员可以说"您好，收藏网店可以领取5元优惠券哦"。
- **不要过度承诺**：售前客服人员在与客户沟通的过程中，千万不要对客户做出过高的承诺，给客户巨大的期盼。例如，客户询问"面料起球吗""快递3天能到吗"等问题时，如果售前客服人员做出"面料任何情况下都不起球""您放心，两天就能到的"等承诺，一旦事实与承诺不符，就会使自己处于被动地位，并引发客户的不满。

↘ 3.1.3 解决客户问题

在接待客户的过程中，售前客服人员可能会遇到客户提出的各种问题，如不知道尺寸、担心质量不过关、指定快递、讨价还价等。下面就对这些常见问题的解决方法进行介绍。

1. 不知道尺寸

为客户推荐合适的尺寸是售前客服人员经常会遇到的情况。如何才能给客户提供合适的尺寸呢？售前客服人员先要熟知所售商品类目的常规尺寸，知晓网店商品是否为标准尺码，然后引导客户尽可能多地提供一些数据以便推荐，如性别、身高、体重、喜好等。图3-2所示的售前客服人员就是根据客户提供的身高、体重来为客户推荐合适的尺码的。

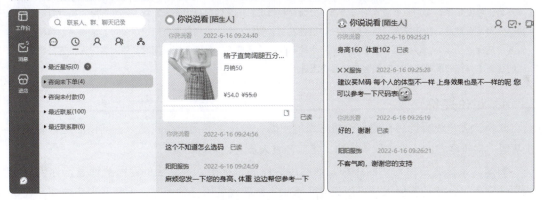

图3-2　为客户推荐尺码

2. 担心质量不过关

质量始终是客户较为关心的问题。售前客服人员在回复客户提出的质量问题时，可以从生产流程、监督流程、查货流程、售后服务等方面去强调，但是要把控好尺度，适可而止。如果网店提供"7天无理由退货"服务，那么售前客服人员在回复时可以着重强调这一点。

案例演示：

：这款斜挎包的质量有保证吗？

：您好，我们店是严格监督商品生产流程的，出现问题的商品是不允许出售的，您大可放心购买哦！

：我们的包包在发货之前都是有检查的，请您放心。如果还是担心质量问题，我们是支持7天无理由退货哦！您不妨下单看看实物呢。

3. 指定快递

一般来说，每家网店都有合作的快递公司。若客户有特殊要求，如商品要得很急、地方比较偏远想选择更近的快递网点等，客户就可能会指定快递。一般来说，若客户指定的快递公司在网店合作的快递公司名单中，售前客服人员可直接答应客户，并为其做好备注。

案例演示：

：你们发哪些快递？

：您好，我们默认发圆通，中通、韵达也发的！

：我想要发中通，中通的快递网点就在我家楼下，方便取。

：好的哦，您下单后我帮您备注就可以了。

若客户指定的快递公司不在网店的合作名单中，售前客服人员可与客户商量，若产生了多余的费用，则需要客户自理。

知识补充

商品已经发货，客户想要更换快递公司

若已经发货了，客户想要更换快递公司，分为两种情况：一是快递公司还未发货，售前客服人员可打电话给快递公司追回商品，重新投递；二是快递公司已经发货，售前客服人员则需要告知快递公司，请快递公司帮忙转到客户选择的快递处，但因更换快递公司所产生的额外费用需要客户自行承担。同时，售前客服人员还需将更换后的快递单号重新发给客户，方便客户查看物流进度。

4. 讨价还价

此外，客户还可能存在商品价格方面的问题，如认为商品价格较高、询问商品是否有额外优惠等。对于客户的议价、砍价问题，售前客服人员可以巧妙回复。

例如，某些客户会对比网店和其他网店的商品，提出"××店的商品更便宜，你们能不能再便宜点"，售前客服人员可以说"我不太了解您说的网店的商品，但是我们店的商品在材料、售后等方面都非常有保障呢"。又如，一些客户会提出"第一次买能便宜点吗？以后还会带很多朋友来买的"，售前客服人员可以说"非常感谢您对小店的惠顾，不过，初次交易我们都是这个价格哟，当然交易成功后您就是我们的老客户了，那么以后不论是您再次购买还是介绍朋友来购买，我们都会根据购买情况给予相应优惠的"。

3.2 推荐商品

售前客服人员的另一项工作是推荐商品，推荐商品不仅可以帮助客户快速锁定所需商品，还能使售前客服人员提高服务效率，促成交易。售前客服人员在向客户推荐商品时，首先应该根据客户咨询的内容挖掘客户的需求，然后展示商品的卖点以引起客户的购买欲望，最后立足于客户的兴趣点进行关联推荐，协助客户挑选并促成交易。

3.2.1 挖掘客户需求

挖掘客户需求，就是有目的地与客户聊天，或者有目的地关怀客户，在与客户聊天或关怀客户的过程中，了解客户真正的想法和需求。挖掘客户需求的方法有很多，常见的方法有询问、聆听、观察等。

1. 询问

挖掘客户需求较直接、简单的方法就是提问。通过提问，售前客服人员可以准确地了解到客户的真实需求，并挖掘客户自己没有意识到或无法用语言做出具体描述的需求。提问的方式很多，在与客户交谈的过程中，售前客服人员可以针对不同的情况选择适当的提问方式。

● **开放式提问**：开放式提问是指围绕谈话的主题，让客户根据自己的喜好畅所欲言。尽量让客户在轻松愉悦的环境下交流，可以更好地了解更多有效的信息。常见的开放式提问有"您购买这款商品是自己使用还是送其他人""您在购物的过程中有什么问题吗？可以直接咨询我们哦"等。

- **封闭式提问**：封闭式提问是指在某个范围内提出问题，让客户按照指定的思路去回答问题，使答案具有一定的局限性和唯一性。例如，"您是想多买一点吗""您有没有喜欢的款式"等。
- **针对性提问**：针对性提问是指对需要了解的内容进行细节性的提问，或对某个特别需要知道的内容进行提问。它可以让客户的答案更贴合需求，比如针对商品的质量或售后服务等提问。

2. 聆听

与客户沟通是一个双向的过程。对于售前客服人员来说，认真聆听客户的话，尽量站在客户的角度来理解与回应客户所说的内容，使客户产生被关注、被尊重的感觉，这样客户会更加积极地进行沟通。在聆听客户需求时，售前客服人员切忌打断客户的讲话，可以适时给予客户适当的赞美，或者表示理解。例如，图3-3所示为在聆听中挖掘客户的需求。

3. 观察

观察主要是指观察客户与售前客服人员的聊天记录，或者通过后台查看客户的咨询、购买记录等。淘宝网店的售前客服人员可以进入千牛工作台的"接待中心"界面，单击"智能客服"选项卡观察客户信息，并单击客户信息下方的"足迹"选项卡观察客户浏览过的商品，以此来了解客户的喜好，挖掘客户的需求，如图3-4所示。

图3-3 在聆听中挖掘客户的需求

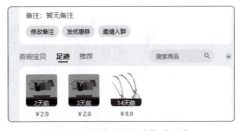

图3-4 单击"足迹"选项卡

↘ 3.2.2 展示商品卖点

卖点即商品具有的别出心裁的或与众不同的特点、特色。这些特点、特色就是吸引客户继续咨询，激发客户购物欲望的重要信息。卖点一般会展示在商品详情页中。售前客服人员要熟悉网店商品的卖点，以便在客户咨询时熟练向客户介绍，激发客户的购买兴趣。一般来说，售前客服人员可以从商品质量、商品人气、商品优惠、网店资质等方面入手。

（1）商品质量

商品质量是客户决定是否购买商品的基础因素，只有在保证商品质量的前提下，客户才能对商品更有信心。因此，售前客服人员在与客户的沟通过程中，要向客户展示网店商品的优质。一般来说，售前客服人员可通过展示以下内容来体现商品的高质量，从而打动客户。

- **商品功能**：客户购买商品，实际上是购买商品所具有的功能和商品的使用性能，如果商品功能强大，且超出了客户的预期，就会给他们留下良好的印象，从而得到客户的认可。图3-5所示为某售前客服人员与客户的对话，他很好地展示了扫地机器人的功能，如智能、先进等，可以激发客户的购买兴趣。

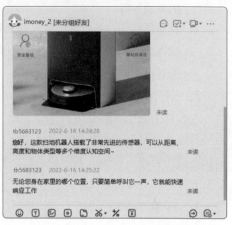

图3-5 某售前客服人员与客户的对话

- **品牌优势**：品牌在一定程度上代表着商品的质量，以及能够带来的附加价值，如果商品品牌知名度较高，那么售前客服人员在展示商品卖点时，就可以着重体现品牌优势。

- **售后服务**：售后服务在某种程度上也能展示商品的质量，一般来说，在同类商品质量与性能都相似的情况下，客户都更愿意选择拥有优质售后服务的网店。售后服务的内容主要包括商品安装、调试、技术指导、维修服务、定期维护、定期保养、定期回访、"三包"（包修、包换、包退）、客户信息反馈等。特别是家具、电子产品、厨卫用具等，售前客服人员更应注重售后服务，并在与客户交谈时清楚告知。

（2）商品人气

商品的人气越高，说明商品在同类商品中的竞争力越强，越受客户欢迎。这样的商品在质量、价格、服务等方面肯定都有优势，是大部分客户都比较倾心的商品。商品的人气可以通过下面两种途径来表现。

- **商品销量**：商品销量是商品人气的直接证明，销量高，说明商品卖得好，受到大部分客户的认同。在与客户交谈时，售前客服人员可以适时告诉客户网店的商品销量很高，并附以直接的数据，让客户信服。例如，"您好，这款休闲女包目前非常畅销噢！月成交量8000多件呢"。

- **商品评价**：商品评价是商品人气的间接反映，当然，评价的内容要是好评，否则不能说服客户。推荐商品时，售前客服人员可借用其他客户的好评来间接说明商品值得购买，这样客户会更加有认同感，也更容易接受，如"您好，很多客户都反馈说包包材质柔软、大小适中、物美价廉噢"。图3-6所示为某耳机品牌的售前客服人员与客户的对话，该售前客服人员就向客户发送了该款耳机的评价图，很好地说明了商品的人气。

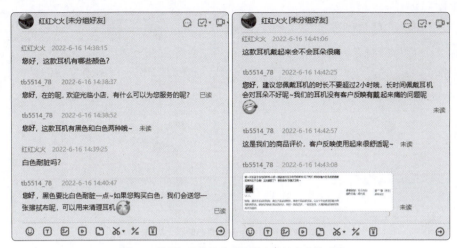

图3-6　某耳机品牌的售前客服人员与客户的对话

（3）商品优惠

商品质量过关已经打消了很多客户心中的疑虑，此时若再辅以一些优惠措施，则会使客户加速做出购买决定。如果商品正在做促销活动，售前客服人员需要向客户说明具体的优惠措施、优惠券使用条件等，促销活动的常见形式有发放网店红包、发放优惠券、满减、赠送礼品、赠送服务等。例如，"您好，今天本店周年大庆，所有商品打8折后再享满减优惠，满229元减30元，满339元减50元噢""您好，现在下单还有精美小礼品赠送哦""您好，这件宝贝今天买一送一噢！两件才69元噢"。

（4）网店资质

一般来说，网店信誉度越高，开店的时间越长，网店的资质越好。这样的网店展现出的实力越强，越能增加客户对商品的信任。图3-7所示为某个资质较好的网店。例如，售前客服人员可以说"您好，您放心，我们是金牌卖家，无论服务、质量还是物流都不错的""您好，我们是7年的老店了，您有什么疑问可以直接问哟"等。

图3-7　资质较好的网店

↘ 3.2.3　推荐关联商品

售前客服人员在成功推荐商品后，还可以顺势进行其他相关商品的关联推荐。关联推荐也叫连带销售，其本质是建立在交易双方互惠互利的基础上，将网店中与客户所购买商品具有关联性或相关性的商品推销给客户，达到一次售出两件或两件以上商品的效果。图3-8所示为成功销售关联商品的聊天场景。

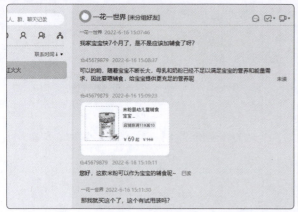

图3-8　成功销售关联商品的聊天场景

推荐关联商品除了可以提高客单价外，还可以提高转化率、降低推广成本、增加商品的曝光以及测试商品等。售前客服人员在推荐关联商品时，一定要搞清楚关联商品与所购商品之间的联系。

知识补充

关联商品推荐关键点

需要注意的是，售前客服人员在开展关联营销时，一定要把握好两个关键点：第一，关联商品的价值不能高于所购商品；第二，对于同时购买商品和关联商品的客户，在价格上应给予一定的优惠。

3.3　说服客户下单

售前客服人员除了要解答客户疑问、推荐商品外，还有一项重要工作就是说服客户下单。说服客户下单是有方法的，售前客服人员要熟练应用优惠成交法、保证成交法、从众成交法、赞美肯定法、机不可失法、用途示范法和欲擒故纵法，提高促成订单的概率。

3.3.1　优惠成交法

优惠成交法即通过提供优惠条件来说服客户下单的方法。这种方法的出发点就在于给予客户一定的优惠，来满足客户的经济要求或者心理要求。使用优惠成交可以营造较好的成交气氛，拉近买卖双方的关系，有利于双方的长期合作。

需要注意的是，在使用优惠成交法时，售前客服人员要让客户感受到优惠条件是专属于他的，当自己权利有限时，可以向领导请示，这样也能更好地表现优惠条件是自己争取来的，只针对客户一个人。另外，售前客服人员应当诚实守信、遵守法律，合理使用优惠成交法，千万不要随便给予客户优惠。

案例演示：

: 这个价格有点高。

: 您好，这个价格是比较优惠的了，但是我申请给您赠送一份礼品好吗？

: 赠品就算了吧，如果价格上再给我一点优惠就好了，打个9.5折也可以啊！

: 您好，我实在很难办呢。在我的处理权限内，我只能给您这个价格。

: 我还有同学也想买呢，我可以给你们网店做做宣传嘛。

: 您好，我们小店的商品价格真的已经非常优惠了。您是我们的新客户，那我向领导请示一下，给您打个9.5折。但这种优惠很难得到，我也只能尽力而为呢。

: 好的，非常感谢啦！

: （过了一会儿）您好，我跟领导请示了，费了半天劲，他同意给您打个9.5折。但是请您保密哦，这样的价格从来没有过呢，您拍下我给您改价吧。

: 真的太好了，我马上下单。

3.3.2 保证成交法

保证成交法是直接向客户提供保证来促使客户下单的一种方法。保证成交法针对客户的忧虑，通过提供各种保障来增强客户的购买决心，既有利于客户迅速做出购买决定，也有利于售前客服人员有针对性地化解客户的异议，有效促成交易。图3-9所示的对话就使用了保证成交法来促进客户下单。

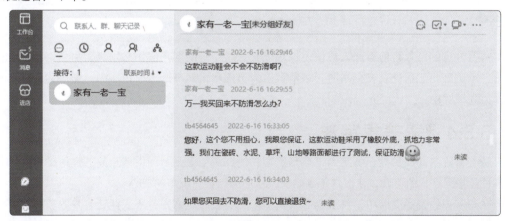

图3-9 保证成交法

需要注意的是，售前客服人员采用此方法必须从事实出发，不夸大、不过度承诺，做到"言必信，行必果"，否则会失去客户的信任，甚至招致纠纷或投诉。

3.3.3 从众成交法

从众成交法也叫排队成交法，是一种利用客户的从众心理，促使客户下单购买商品的方法。从众成交法可以在一定程度上减轻客户对风险的担心，特别是网店新客户，可以增强客户对商品的信心，从而促成交易。

售前客服人员在运用此方法前，必须先分析客户的消费心理，辨别其是否有从众的消费心理，然后有针对性地采用，此方法积极促使客户购买。

案例演示：

⚫：这款豆浆机的月销量为1万多台，是真实的数据吗？

⚫：您好，您真有眼光，这款豆浆机是本店的热销品，已经累计销售超过100万台了呢！这是我们豆浆机的销售数据，都是真实的呢。

⚫：嗯，那还蛮多人买的。

⚫：您好，不瞒您说，我自己家也用的是这款豆浆机，我们很多同事也购买了这款豆浆机，都说方便实惠、性价比高呢。

⚫：您好，这是我们的真实买家秀，很多客户都买过很多次了。另外，您下单即享两年联保和7天无理由退换货服务，赶紧下单购买吧。

外观材质：美观大方，方便携带。功率能效：噪音很低，操作简单。加热效果：加热很快，温度适宜。打浆效果：打的很好，效率很高。

	颜色分类：白色	稻***8 (匿名)

06.07

第二次买了，上次买的是白色的，给爸妈用，这次买个粉红的，这个颜色好看，我喜欢！

	颜色分类：米白色	8***y (匿名)

06.10

需要注意的是，售前客服人员使用从众成交法时所举的客户案例必须真实可信，不能凭空捏造、欺骗客户。另外，在列举时，售前客服人员应尽量选择那些有说服力、影响力大的老客户作为列举对象。

3.3.4 赞美肯定法

赞美肯定法即以赞美、肯定的语言坚定客户的购买信心，从而促成交易。适时的赞美和肯定往往能增强客户的信心，让客户感到愉快，从而坚定客户下单的决心。

在与客户的沟通交流中，售前客服人员多多赞美和肯定客户，不仅能让客户收获一份好心情，还能让客户对网店产生好感，加深客户对网店的印象。客户收到商品后，如果对商品满意，还有可能成为网店的忠实客户。例如，客户在咨询商品时，售前客服人员可以说"您的眼光真好""您真是慧眼独具"。图3-10所示的对话中，售前客服人员就适时地赞美和肯定了客户。

售前客服人员采用赞美肯定法来说服客户下单时，一定要确认客户对商品已产生浓厚兴趣。另外，赞美客户时一定要发自内心，态度要诚恳，语言要实在，不要夸夸其谈，更不能欺骗和敷衍客户。

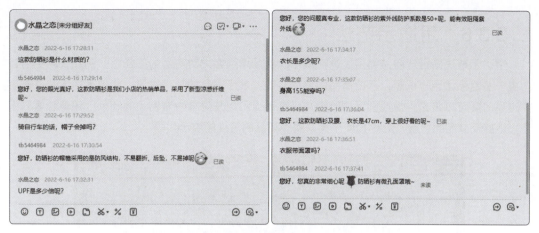

图3-10 赞美肯定法

↘ 3.3.5 机不可失法

大多数人都有一种心理，那就是越得不到、买不到的商品，就越想得到它、买到它。利用这种"怕买不到"的心理来说服客户下单的方法就是机不可失法。在采用这种方法说服客户下单时，售前客服人员一旦观察到客户对商品感兴趣，就要趁热打铁，适时地给客户制造紧迫感，以便更快达成交易。售前客服人员一般可以采用以下方法来制造紧迫感。

- **用商品即将涨价让客户有紧迫感**：在销售活动中，商品价格时常发生变动，客户大多想在价格低点时买进商品，售前客服人员可以利用这一点去刺激客户尽快做出购买决定，但前提是售前客服人员必须确信网店已宣布该商品即将涨价。例如，在做促销活动时，售前客服人员可以说："您好，今天是大促最后一天了，明天商品就会恢复原价，赶紧下单购买吧。"

- **用早用商品早得利让客户有紧迫感**：这是指告诉客户要争分夺秒，行动得越慢，损失的利益就越多。例如，针对某款防晒帽，售前客服人员可以说："您好，天气已经慢慢热起来了，等到热的时候再来买就来不及了呢。"

- **用商品数量有限让客户有紧迫感**：告诉客户商品数量有限，可以制造商品的稀缺感，从而让客户产生一种紧迫感，觉得如果再不购买可能就没有机会了，如图3-11所示。例如，售前客服人员可以说："您好，赶紧下单吧，这款运动鞋的库存只有300双，数量十分有限哦。"

图3-11 机不可失法

↘ 3.3.6　用途示范法

用途示范法是指对商品的用途进行演示，从而增强客户对商品的信任感。例如，网店可以拍摄一些商品试用短视频，示范商品的使用方法，展示商品的使用效果，售前客服人员在与客户沟通时就可以将这些短视频发送给客户。这不仅可以加深客户对商品的印象，还能让客户沉浸式地感受商品的特点。图3-12所示为某网店商品的短视频演示片段。

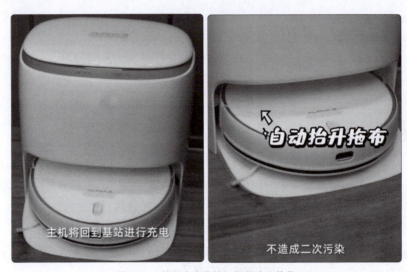

图3-12　某网店商品的短视频演示片段

售前客服人员在使用用途示范法时，需要注意以下几点。

● 示范要有明确的目的，要详细展示商品的卖点。

● 示范要与讲解相结合，让客户详细了解商品的特点。

● 示范最好能触及到客户的痛点。例如，就某款扫地机器人而言，其示范短视频就可以展示一些生活中难打扫的场景，如难打扫的宠物毛发、沙发底和床底等难打扫的区域。

↘ 3.3.7　欲擒故纵法

欲擒故纵法又可以称为让步成交法，是针对客户的戒备心理，先诉说商品的卖点和优势，再表现出"条件不够，不强求成交"的宽松心态，使客户产生不能成交的惜失心理，从而促使客户下决心购买的方法。

这种方法适用于对商品有兴趣且有购买意向，但是犹豫不决的客户。例如，售前客服人员可以说"您好，这次满200元减30元的机会真的很难得，您可以再考虑一下哟，也可以搜索其他网店的同类商品进行比较，如果您还有什么问题可以再联系我呢！我一定为您耐心解答""您好，这双鞋子真的很修饰脚型，您可以再考虑一下，有任何问题都可以再找我，我一直都在呢"。

案例演示：

：你们店这款项链最近做活动吗？

：您好，欢迎光临小店，雯雯竭诚为您服务。这款项链最近参加满800元减120元的活动呢，并且下单即赠送一副珍珠耳钉哦。

：这么划算，项链是正品吗？

：您好，请您放心，我们是××官方旗舰店，本店所有商品专柜都有出售，价格全国统一。同时商品包装盒中还附有国家检测中心提供的检测证书，请您放心购买呢。

：哦，那还行，我再想想吧。

：您好，这款项链经典又百搭！这次机会真的很难得，您可以再考虑一下哟，如果您还有什么问题可以再联系我，我一定为您耐心解答！

实训演练

↘ 实训1：售前接待工作诊断

【实训背景】

孙某是一家航天积木儿童玩具网店的售前客服人员，某位客户看中了一款玩具，为此咨询了孙某，如下所示为他与该客户的对话。

 在吗？这个玩具适合多大的孩子玩？

（过了一分钟）您好，这款玩具5岁以上的孩子都可以玩哦！这款玩具可以锻炼孩子的动手能力，赶紧下单购买吧！

 玩具质量怎么样？是很小的那种吗？

您好，这款玩具质量很好呢，不大也不小，很适合孩子玩！

 我再看看。

【实训要求】

两人一组进行角色扮演（分别扮演孙某和客户），首先讨论并诊断孙某在接待客户过程中的问题，然后提出解决方案。

【实训目标】

（1）掌握售前客服人员应具有的服务态度。

（2）掌握与客户沟通的技巧。

（3）能快速、准确地处理客户的问题。

【实训步骤】

（1）讨论并诊断孙某的问题。从对话可以看出，在接待客户的过程中，孙某主要存在3个问题。一是服务态度有问题，客户进店咨询时，孙某不够热情，回复客户问题不及时，并且也没有在客户进店时向客户问好；二是对商品不够了解，当客户询问玩具大小时，孙某应当详细说明玩具的尺寸；三是推荐玩具时并没有很好地展示玩具的卖点。

（2）提出解决方案。针对第一个问题，在客户进店咨询时，孙某应及时向客户问好，回复客户问题；针对第二个问题，孙某应详细介绍玩具的参数，并能展示玩具的实际大小，如可以与手机等进行对比；针对第三个问题，孙成应详细向客户展示玩具的卖点，如益智、拼插牢固不松动、材质安全等。参考对话示例如下。

在吗？这个玩具适合多大的孩子玩？

您好，在的呢，欢迎光临小店！这款玩具5岁以上的孩子都可以玩哦！玩具带有步骤图，完全不用担心孩子不会玩呢。

玩具质量怎么样？是很小的那种吗？

您好，这款积木采用ABS原料制作而成，咬合紧密、拼插牢固，不易掉落且不易松动。玩具的包装尺寸是28.5cm×6cm×39cm，这是部分客户拼好的效果图，您可以参考一下呢！

我再看看。

您好，这款玩具可以很好地锻炼孩子的动手能力，激发孩子的想象力。现在购买还有优惠哦！您考虑一下吧！有问题就找我哦。

↘ 实训2：挖掘客户需求并说服客户下单

【实训背景】

周某某是某保温杯品牌淘宝网店的售前客服人员，图3-13所示为周某某与某位客户的对话。

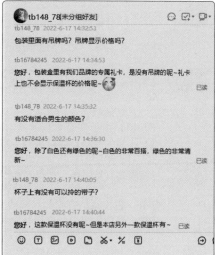

图3-13　周某某与某位客户的对话

【实训要求】

阅读案例中的对话，先分析案例中周某某的回答是否有不足之处，然后判断该客户是否有潜在需求，并给出判断依据，最后总结周某某可以采用哪种方法说服客户下单。

【实训目标】

（1）学会挖掘客户需求。

（2）学会推荐关联商品。

（3）掌握说服客户下单的方法。

【实训步骤】

（1）分析周某某的回答是否有不足之处。本案例中，周某某的回答中规中矩，基本都是客户问一句她答一句，并不能很好地促成交易。

（2）挖掘客户的需求。案例中，首先客户询问了保温杯是否有活动，说明客户对保温杯有购买兴趣，但是可能因为价格不满意还在犹豫；其次客户询问了商品的包装中是否有吊牌，吊牌是否显示价格，说明客户可能想买来送人；最后客户询问保温杯是否有可以拎的带子，说明客户可能想买一个可以拎的保温杯，那么可以推荐保温杯套等关联商品。

（3）说服客户下单。就本案例中的客户而言，其一可以采用优惠成交法说服客户下单，即给予客户一定的优惠，如赠送一些小礼品或申请一些小额优惠券；其二可以使用赞美肯定法，由于客户可能有送人的需求，使用赞美肯定法可以很好地增强客户对商品的信心，如"您好，您的眼光也太好了！这个保温杯不管是自用还是拿来送人都可以，如果您是拿来送人，我们还可以给您用礼盒装，精致又大方呢"。参考对话示例如下。

在吗？

您好，在的呢！欢迎光临小店，很高兴为您服务！请问有什么可以帮助您的呢？

这款保温杯现在有什么活动吗？

您好，您的眼光真的是太好了！这款保温杯是小店的新品，暂时不参加任何活动呢！但是由于您是本店的新客户，您购买之后不仅有积分，还有专属礼品相送哦！积累的积分可以用来直接抵扣或兑换礼品呢。

包装里面有吊牌吗？吊牌显示价格吗？

您好，包装盒里有我们品牌的专属礼卡，不会显示保温杯的价格呢！如果您是买来送人，我们可以给您用礼盒装，精致又大方呢。

杯子上有没有可以拎的带子？

您好，您想得太周到了！非常抱歉呢，这款保温杯没有呢。但是本店另一款与它相似的保温杯就有可以拎的带子，我发给您看看。另外，本店有精致、实用的保温杯套出售，这个保温杯套就和您看的这款保温杯非常搭，不仅可以拎还可以背，美观又时尚！

案例分析——机智反诈，帮助客户规避损失

吴某是"洁颜净"品牌网店的售前客服人员。一天，她一如往常地接待客户。可是有一名姓李的女性客户非常特殊，李女士并没有咨询吴莉有关商品的任何问题，而是询问网店最近是否在做尊享会员返款的活动。

吴某感到很奇怪，她并没有听说网店最近在开展尊享会员返款活动。于是她详细询问了李女士相关情况。李女士告诉她，近来有一个自称"洁颜净"品牌会员专属客服的人加她微信，还说网店推出了尊享会员返款的活动。随后，李女士加上了该会员专属客服的微信，并被拉进一个微信群。群里的人都自称是在"洁颜净"品牌网店购买过商品的客户，有100余人。在被拉进微信群后，该群群主也添加了李女士的个人微信，并表示李女士是"洁颜净"品牌网店的尊享会员，可以向其返款200元。该群群主还向李女士发送了一个链接，告知她必须在指定链接中操作。李女士点击链接后发现需要输入银行卡号及验证码，这便引起了李女士的怀疑。

吴某了解了事情的经过后，立刻向上级汇报。上级领导也明确说明并没有所谓的尊享会员返款活动。于是，吴某怀疑李女士遇到了诈骗，便马上告知李女士不要上当。紧接着，吴某建议李女士收集该会员专属客服、群主和微信群的相关信息，并表示自己会将相关证据和沟通记录上报有关安全部门。然后，吴某将该事件反馈给安全部门，安全部门立即开展了调查。经过调查后，安全部门证实李女士确实遭遇了诈骗，便发布了相关公告并将李女士反馈的截图与沟通记录提供

给有关司法部门开展进一步调查。同时，网店——向老客户发布了通知，告知近来有不法分子冒充网店进行诈骗，提醒老客户加强甄别，警惕资金损失风险。

点评：该案例中的吴某凭借专业的业务能力与风险意识，阻止了诈骗行为的蔓延，为客户规避了资金损失风险，维护了品牌口碑。售前客服人员有责任也有义务守护客户和网店，用服务实现网店、客户的共赢。另外，客户也应当小心、谨慎，增强防范意识，时刻保持冷静，不要轻易相信别人，避免上当受骗。

课后练习

1. 选择题

（1）[单选]某售前客服人员老是使用"是""嗯"等一个字回答，客户可能会认为其不具备（   ）的服务态度。

  A．真诚   B．热情   C．礼貌   D．尊重

（2）[单选]售前客服人员的首次响应时间在（   ）以内比较合理。

  A．5秒   B．10秒   C．15秒   D．20秒

（3）[多选]尊重客户的表现是（   ）。

  A．不与客户争论   B．包容客户的观点

  C．不急于插话和抢话   D．尊重客户的选择

（4）[多选]以下选项中，属于说服客户下单的方法有（   ）。

  A．优惠成交法   B．从众成交法

  C．赞美肯定法   D．名人成交法

2. 填空题

（1）售前客服人员在接待客户的过程中应当始终保持_____、礼貌、_____和尊重的服务态度。

（2）挖掘客户需求的常见方法有_____、聆听、_____等。

（3）商品的人气可以通过_____和_____两种途径来表现。

（4）利用_____的心理来说服客户下单的方法就是机不可失法。

（5）_____是直接向客户提供保证来促使客户下单的一种方法。

3. 判断题

（1）针对性提问是指在某个范围内提出问题，让客户按照指定的思路去回答问题，使答案具有一定的局限性和唯一性。（   ）

（2）优惠成交法即通过提供优惠条件来说服客户下单的方法。（   ）

（3）从众成交法是一种利用客户的求名心理，促使客户下单购买商品的方法。（   ）

4. 简答题

（1）售前客服人员应当具备什么样的服务态度？

（2）售后客服人员应当如何挖掘客户需求？

（3）什么是机不可失法？如何利用机不可失法说服客户下单？

5. 实践题

（1）假设你是某运动鞋网店的售前客服人员，请试着设计5条客户进店的欢迎话术。

（2）如下所示为售前客服人员与某客户的聊天场景，阅读对话后回答以下两个问题。

 在吗？这条裤子我挺喜欢的，但是不知道怎么选尺码。

您好，您好，在的呢，欢迎光临小店！麻烦发一下您的身高、体重呢，我这边帮您参考一下！

 身高160cm，体重50kg。

您好，建议您买M码哦。但是每个人的体型不一样，上身效果也是不一样的，您还可以参考一下尺码表哦（此处省略尺码表图片）

 好的。这条裤子可以再便宜一点吗？我常来你们店买东西呢。你要不便宜一点，以后我可就不来啦！

您好，您经常买我们店的商品，也知道我们店的情况，商品都是薄利多销的，价格上再优惠可真的是很为难呢。您看我为您准备几份小礼品怎么样呢？

 那你们送什么呢？

您好，您是我们网店的老客户，我们非常感谢您对小店的信任，这份礼品是专属于您的，等您收到货的时候就知道啦！

① 售前客服人员在解决客户问题时，回复是否妥当？假如你是这名售前客服人员，你会如何回答？

② 针对本案例中的客户，售前客服人员可以采用什么方法促进客户下单？

CHAPTER
04

第4章
协助处理——售中客服

引导案例

为了提高网店的人气和销量，某淘宝网店通过发放优惠券的方式吸引了不少客户，慢慢地，许多客户开始主动下单。售中客服人员小曼看到后台不管是活动订单还是正常订单都增加了不少，高兴极了。可是，几个小时后问题出现了。小曼发现后台的一些活动订单自动关闭了，原来是有些客户只下单不付款，超过了付款期限，系统就自动关闭了订单。于是，小曼赶紧主动联系订单列表中未付款的客户，询问他们未付款的原因。然而原因很多，有"拍完订单有事忘记付款了""拍完订单后发现了更心仪的商品"等，小曼真不知道该如何应对。

由此可见，售中客服人员首先需要关注客户的付款情况。售中客服人员的服务伴随着客户的实际购买行为，与促进商品成交息息相关。这既是客服工作的重点，又是客服工作的难点，需要售中客服人员在实践中不断积累经验。

学习目标

＊ 学会挑选未付款订单，分析客户未付款的原因。

＊ 熟悉常用催付工具的使用方法，掌握催付策略。

＊ 掌握订单处理与物流跟踪的方法。

＊ 能够正确打包商品，并能为客户提供实时物流信息。

素养目标

＊ 树立不厌其烦、精益求精的服务意识。

＊ 培养"以客户为中心"的服务精神。

4.1 协助催付

在网店销售过程中，客户拍下商品却迟迟不付款的情况时有发生。为了顺利完成订单、提高销售额，售中客服人员应该采取一定的方法进行应对。售中客服人员先要分析客户不付款的原因，找到原因后再见招拆招，从容应对客户拍下商品后不付款的行为。然后，售中客服人员在催付时，可以借助千牛工作台、短信等工具来协助完成。

↘ 4.1.1 挑选订单

在催付之前，售中客服人员首先需要挑选出"等待买家付款"的订单。淘宝的售中客服人员可在千牛工作台的"工作台"板块中挑选，并批量导出订单，具体操作步骤如下。

微课视频——挑选订单

（1）进入"工作台"板块，打开"已卖出的宝贝"界面，单击"等待买家付款"选项卡，查看所有未付款的订单，如图4-1所示。

图4-1 查看"等待买家付款"的订单

（2）由于订单量比较大，这里单击"已卖出的宝贝"界面中的 批量导出 按钮，然后在打开的提示框中单击 生成报表 按钮，如图4-2所示。

图4-2 批量导出订单

（3）打开提示框，提示禁止非法使用或向他人非法提供用户个人信息，单击 确认 按钮继续操作。打开"批量导出"界面，后台将生成订单，单击 下载订单报表 按钮，如图4-3所示。待下载完毕后，售中客服人员即可在Excel表格中查看客户的会员名、应付货款、成交时间、订单状态及联系电话等详细信息。

图4-3　下载订单报表

操作提示

发送密码

下载订单后，表格呈现为加密状态，售中客服人员要想获得密码，还需要在"批量导出"界面中单击 发送密码 按钮，等待官方系统向千牛账号所绑定的手机号发送密码信息。另外，需要注意的是，两次发送密码的操作需要间隔12小时。

4.1.2　分析原因

有了订单信息之后，售中客服人员就可以分析客户拍下商品后未付款的原因，然后对症下药。一般来说，客户拍下商品未付款的原因可以归纳为主观原因和客观原因两类。

1. 主观原因

主观原因可以总结为3种：第一，客户议价不成功，与售中客服人员就商品价格无法达成一致；第二，客户对商品有所疑虑；第三，客户想货比三家。针对这3种原因，分别有不同的解决方法。

● **客户议价不成功**：客户议价时，售中客服人员可以采用赠送小礼品或将其升级为网店会员等方式来满足客户的求廉心理，也可以试探客户的心理价位，以便提高催付成功率。

● **客户对商品有所疑虑**：如果客户未付款的原因是心里有疑虑，那么售中客服人员就要为客户排除疑虑，使其尽快下单。例如，客户有商品质量方面的疑虑，售中客服人员就要在交流时准确地描述商品的工艺、材质和使用方法等，甚至可以为客户提供相关的质检报告和商品评价。如果是支持7天无理由退换货的网店，售中客服人员还可以给客户说明这一保障，让其放心购买。

● **客户想货比三家**：如果客户想货比三家，售中客服人员可以从商品本身以及服务上寻找差异，然后将优势展现给客户，为本店商品加分，吸引客户购买。

2. 客观原因

除了主观原因外，客户迟迟未付款也可能有一定的客观原因，如操作不熟练、忘记支付密码、忘记支付等。对于这些客观原因，售中客服人员也要有相应的应对措施。

- **操作不熟练**：许多新手客户在第一次支付时，可能会遇到插件下载、密码混淆等问题，最终导致订单支付失败。此时，售中客服人员要积极、主动地询问原因，引导客户一步一步地完成支付。
- **忘记支付密码**：有些客户可能会忘记支付密码，并且不知道找回密码的具体操作。此时，售中客服人员需要熟悉重置密码的方法，帮助客户找回支付密码，最终完成付款操作。
- **忘记支付**：客户忘记支付也是时有发生的情况，针对这这种情况，售中客服人员只需提醒即可，切忌发送过多信息。

知识补充

客户拍下商品后未付款的其他原因

当然，除了以上原因外，还会有其他原因使客户拍下商品后未付款，如拍错了、拍重了、拍下后商品价格或运费需要更改等，不管出于什么原因，售中客服人员都要想办法帮客户解决问题。

↘ 4.1.3 使用工具催付

售中客服人员在了解客户未付款的原因后，对客户进行催付时，还需要使用相应的催付工具，以取得事半功倍的效果。以淘宝为例，常用的催付工具有3种，包括千牛工作台、短信和电话。

1. 千牛工作台

千牛工作台是淘宝的售中客服人员常用的工具，售中客服人员使用千牛工作台和客户沟通是完全免费的，不但成本低，而且操作方便。另外，最重要的一点是，客户可以在另一端即时付款。图4-4所示为某售中客服人员使用千牛工作台催付的场景。

售中客服人员在使用千牛工作台催付时，除了可以针对不同客户自行编辑催付话术外，还可以使用千牛工作台自带的催付功能。使用千牛工作台自带的催付功能的操作方法为：进入"接待中心"界面，打开与客户沟通的聊天窗口，然后

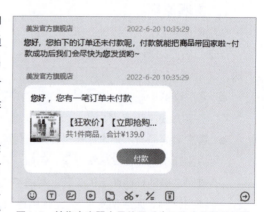

图4-4　某售中客服人员使用千牛工作台催付的场景

查看"智能客服"选项卡中的客户订单信息，选择"未完成"选项，此时展开的客户未完成订单下方显示了 核对订单 按钮、 催付 按钮、 改价 按钮和 关闭订单 按钮；单击 催付 按钮，千牛工作台会自动发送该订单给客户，并提醒客户付款，如图4-5所示。

图4-5 使用千牛工作台催付

售中客服人员在使用千牛工作台催付时，一定要选择恰当的催付时机。因为客户不是随时在线的，当客户不在线时，就不能保证客户能够及时收到催付信息。所以，当客户不在线时，售中客服人员可以选择给客户留言或使用短信和电话催付。

2. 短信

短信催付与千牛工作台催付不同，短信是售中客服人员发送给客户的，而且客户很少回复短信，因此短信内容一定要全面，令人一看就懂。一般来说，催付短信的内容应包含以下4个要素。

- **网店名称**：首先应该让客户知道是谁在找他，客户不会只在一家网店买东西，如果短信连网店名称都没有，则很难让客户明确发出短信的网店是哪家。此外，加入网店名称还会起到宣传网店的作用。
- **商品**：有时即使说了网店名称，也不一定能让客户想起自己在网上所购买的商品，此时就需要在短信中加入客户所购商品的名称，当然涉及隐私的特殊商品要另作考虑。
- **时间**：让客户知道自己是在什么时候购买的商品，进一步唤起客户的购买记忆。
- **技巧**：短信中要使用一些话术技巧，如增强紧迫感、享受特权及信息核对等。

案例演示：

😊：您好，××，您在××店拍下的护发精油，我们已经为您准备就绪了，就等您付款后第一时间发出。祝您购物愉快！如有打扰，请原谅。

😊：您好，非常抱歉打扰到您，方便的时候请尽快为您上午在小店精心挑选的护发精油付款哦！活动期间赠品有限，欲购从速，付款后我们会在第一时间给您发货哦！【××旗舰店】。

3. 电话

除了千牛工作台和短信外，电话也是不可或缺的催付工具，并且对于订单总额较大的客户，一般推荐使用电话催付。电话沟通效果比较好，且客户的体验比较好。但是，电话的时间成本比较高，所以一般建议针对大额订单客户和老客户使用。电话催付话术同样需要具有催付短信内容中的4个要素。除此之外，售中客服人员进行电话催付时应注意以下几点。

- **自我介绍**：一定要自报家门，让客户知道你是谁、为什么打这个电话，让客户接受你，愿意继续接听电话。
- **礼貌、亲切**：在电话交谈中，以客户为中心，不能一味地催促客户付款，并且要保证电话不会影响到客户的日常生活。
- **口齿清晰**：吐词清晰、控制语速，要让客户能够听清楚你说的内容。

↘ 4.1.4 催付策略和催付禁忌

在催付过程中，售中客服人员如果能够使用相应的催付策略，避开一些催付禁忌，可能会起到事半功倍的效果。

1. 催付策略

催付时告知客户付款后的好处是较常用的策略。此外，售中客服人员在催付时还可采用以下策略。

- **强调发货**：如"您好，我们已经在安排发货了，看到您的订单还没有支付，提醒您现在付款会优先发货，您可以很快收到包裹哦"。
- **强调库存**：如"您好，看到您在活动中抢到了我们的宝贝，真的很幸运呢。但您这边还没有付款，不知道遇到了什么问题，再过一会儿订单就要自动关闭了，那您就失去这次机会了"。
- **强调售后**：如"您好，看到您这边没有付款，我们支持7天无理由退换货，还帮您购买了运费险，收到包裹后如果不满意也是不会有后顾之忧的"。

2. 催付禁忌

在催付过程中，售中客服人员还要注意一些有关催付时间和频率的禁忌，以避免引起客户的反感，导致催付失败。

- **催付时间**：催付时间理论上是越早越好，一般来说，客户拍下商品后的15分钟内客服应当及时催付。但实际工作中还要结合一些具体情况。比如，某客户凌晨1点拍下了一件商品，若早上网店客服人员进行催付，可能会打扰客户的睡眠，对接下来的催付是很不利的。一般而言，订单的催付时间可参照表4-1所示的内容来执行。客服只要在该时间段内进行催付即可。

表4-1 催付时间表

下单时间	催付时间	下单时间	催付时间
11:00 前	15:00 前	22:00 前	第二天中午前（下午上班时）
15:00 前	当天发货前	00:00 以后	当天 12:00 以后

- **催付频率**：售中客服人员不要用同一种方法重复催付，并且催付频率不要太高，要把握好分寸。如果客户实在不想购买，千万不要强迫，选择退让可以给客户留下一个好印象。另

外，售中客服人员还应当将催付过程中遇到的问题记录下来，以便后续进行调整优化。

需要注意的是，购买两次以上的客户通常对网店有信任感，并且了解商品，所以售中客服人员不必急于催付。如果是日常交易，售中客服人员最好是在交易关闭前24小时内进行催付。催付之前可以先询问一下客户对商品的使用感受，再次增强客户对网店的黏性。

4.2 核单、打包、发货并跟踪物流

客户付款并不意味着订单结束，在客户付款到订单签收的整个过程中，售中客服人员还要做好售中服务工作，包括核对订单、联系快递公司、为商品打包、及时发货并跟踪物流，以及短信通知发货、配送及签收5个方面。

↘ 4.2.1 核对订单

在客户下单付款后，售中客服人员应当在第一时间与客户核对订单详情，以避免订单出错。若有需要修改的信息，售中客服人员可直接在千牛工作台中进行操作，完成后再次向客户确认，无误后即可进行后续操作。与客户核对订单详情的方法很简单，具体操作如下。

（1）客户成功付款后，进入千牛工作台的"接待中心"界面，打开与该客户的聊天界面。

微课视频——核对订单

（2）在"智能客服"选项卡中查看客户订单信息。选择"待发货"选项，在展开的列表中找到要核对信息的订单。

（3）要核对信息的订单下方显示了 核对订单 按钮、 改址 按钮、 发货 按钮、 设置拦截 按钮和 协商发货 按钮，单击 核对订单 按钮，如图4-6所示。

图4-6 单击"核对订单"按钮

（4）此时千牛工作台将自动发送订单信息给客户，如图4-7所示。待客户确认无误后，即可准备发货。

图4-7　自动发送订单信息给客户

↘ 4.2.2　联系快递公司

确定订单后，售中客服人员可以联系合作的快递公司取件，联系的方式包括电话联系和在线联系。

● **电话联系**：很多网店都有自己长期合作的快递公司，在此种情况下商家通常会有熟悉的快递人员的电话，因此售中客服人员可以直接打电话通知快递人员前来取件，并说明取件的内容，包括商品名称、重量、是否容易破损或变质等，以方便快递人员判断取货时应该使用的工具、携带的面单数量，以及是否需要包装等。

● **在线联系**：在线联系是指售中客服人员前往快递公司官方网站或App填写并提交寄件订单，订单信息包括寄件人/收件人姓名、联系电话、地址，所寄商品的类型和重量等，提交订单后，快递公司会自行前来取件。图4-8所示为韵达快递的在线寄件页面。

图4-8　韵达快递的在线寄件页面

需要注意的是，很多电子商务平台为网店提供了平台寄件的功能，售中客服人员不必自己联系快递公司。以淘宝为例，在设置发货时选择"官方寄件"或"在线下单"方式后，快递公司会自行前来取件，只有选择"自己联系"方式时，售中客服人员才需要自己联系快递公司并填写快递单号。

↘ 4.2.3　为商品打包

联系好快递公司后，售中客服人员可以先做好商品的初步打包。商品打包的重点是商品包装，商品包装不仅能方便物流运输，同时也是对商品在物流运输过程中的一种保护。商品包装一般需要根据实际情况而定，不同类型的商品，其包装形式和方法也不一样。

1. 商品包装的层次

商品包装反映着商品的综合品质，一般可以分为内包装、中层包装和外包装3个层次。

● **内包装**：内包装即直接包装商品的包装材料，主要有OPP自封袋（见图4-9）、PE自封袋和热收缩膜（见图4-10）等。一般而言，商品的生产厂家大多已经做好了商品的内包装。

● **中层包装**：中层包装通常指商品与外包装之间的填充材料，主要用于保护商品，防止商品在运输过程中损坏。报纸、纸板、气泡膜、珍珠棉（见图4-11）及海绵等都可以用作中层包装材料。

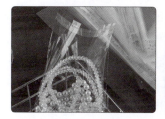　　

图4-9　OPP自封袋　　　　图4-10　热收缩膜　　　　图4-11　珍珠棉

● **外包装**：外包装即商品最外层的包装，通常以包装袋、编织袋（见图4-12）、复合气泡袋（见图4-13）、包装盒、包装箱（见图4-14）和包装纸等为主。

图4-12　编织袋　　　　　图4-13　复合气泡袋　　　　图4-14　包装箱

2. 不同类型商品的包装技巧

不同类型商品的包装方式也会不同，售中客服人员在包装商品时要根据具体的商品来选择对应的包装方式。

- **服饰类商品**：服饰类商品在包装时一般需要折叠，多用包装袋进行包装。为了防止商品起皱，可用一些小别针来固定，或使用硬纸板作为支撑，如图4-15所示；为了防水，可在商品外包一层塑料膜。

- **首饰类商品**：首饰类商品一般直接用大小合适的首饰盒进行包装，如图4-16所示。如果是易碎、易刮花的商品，还可以使用一些保护性材料对商品进行单独包装。

- **液体类商品**：化妆品、酒水等商品属于易碎品，必须注意防震和防漏。包装前，售中客服人员要严格检查商品的包装质量。在包装这类商品时，可使用塑料袋或胶带封住瓶口，防止液体泄漏，用气泡膜包裹瓶子或在瓶子与外包装之间进行填充，如图4-17所示。

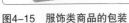

图4-15　服饰类商品的包装　　　　图4-16　首饰类商品的包装　　　　图4-17　液体类商品的包装

- **食品类商品**：食品类商品必须注意包装材料的安全，即包装袋和包装盒必须清洁、干净且无害。部分食品保质期较短，对温度要求较高，售中客服人员在包装这类商品时要注意包装的密封性，可抽真空后再包装。售中客服人员收到这类商品的订单后应尽快发货，尽量减少快递时间。图4-18所示为某食品类商品的包装。

- **数码类商品**：数码类商品一般价格比较高，因此一定要注意运输安全，一般需要使用气泡膜、珍珠棉或海绵等对商品进行包装。同时，还需使用抗压性较好的包装盒进行包装，以免运输过程中商品被挤压损坏。建议售中客服人员对数码类商品进行保价，并提醒客户验货后再签收，如图4-19所示。

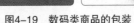

图4-18　某食品类商品的包装　　　　　　　图4-19　数码类商品的包装

- **书籍类商品**：书籍类商品的防震、防压性都比较好，主要需注意防水、防潮，一般可使用包装袋或气泡袋进行封装，再使用牛皮纸或纸箱打包。

- **特殊商品**：某些特殊商品，如水果、海鲜等商品需要保鲜，并且商品对包装和运输的环境要求十分苛刻。这些商品一般会交予专业的快递人员进行包装，以保证商品的使用价值。一般情况下，相关人员会采用可保持商品处于指定温度范围内的冷冻材料进行包装。如果商品需保存于0℃～16℃的环境下，会使用啫喱状冷冻剂；若需冷冻，则会使用干冰。同时，相关人员还会使用防漏塑料袋和塑料包装箱等重新加固，以保证商品在运输过程中的安全。

4.2.4 及时发货并跟踪物流

联系好快递公司并打包好商品后，售中客服人员要在后台设置发货，并告知客户商品已经正常发货。网店如果迟迟不发货或延迟发货，将承担相应的责任。在千牛工作台中设置发货的具体操作步骤如下。

微课视频——及时发货并跟踪物流

（1）进入千牛工作台，单击"交易"选项卡，进入"已卖出的宝贝"界面。单击"等待发货"选项卡，找到要发货的订单，单击对应的 发货 按钮，如图4-20所示。

（2）打开"发货/开始发货"界面，依次确认订单信息、发货/退货信息，如图4-21所示。

图4-20 单击"发货"按钮

图4-21 确认订单信息、发货/退货信息

（3）信息确认无误后，在"3.选择发货方式"栏中选择发货方式。这里单击"官方寄件"选项卡，查看寄件费用后，单击 确认并发货 按钮，完成发货，如图4-22所示。

图4-22 单击"确认并发货"按钮

（4）发货成功，返回"已卖出的宝贝"界面，可看到订单的交易状态已变为"卖家已发货"。发货成功后，售中客服人员还要及时跟踪物流，保证商品的物流进度正常。此时，售中客

服人员可在"已卖出的宝贝"界面中，在需要查看物流信息的订单中单击"详情"超链接。

（5）打开"查看详情"界面，在其中即可查看当前订单的所有信息，包括交易信息、客户信息和物流信息。

 知识补充

选择其他快递服务

　　淘宝提供了"自己联系物流""在线下单""无需物流""官方寄件""官方货运"5种发货方式。若网店不想自己费心选择快递公司，可选择"在线下单"方式，通过大数据分析确定时效、服务等综合指标最优的快递公司。若网店有自己熟悉的快递公司，则选择"自己联系物流"，避免在线下单后等待时间过长。若所售商品为虚拟商品，则可选择"无需物流"方式进行发货。"官方寄件"即淘宝官方提供的菜鸟裹裹寄件服务，可以实现淘内订单自动拉取、线上呼叫快递员上门等。"官方货运"则是针对大件商品提供的物流服务。

↘ 4.2.5　短信通知发货、配送及签收

　　售中客服人员完成商品的发货后，不能忽略对订单的跟踪。物流信息有3个重要部分，分别是订单发货信息、订单配送信息以及订单签收信息，售中客服人员需要将这3个部分的信息及时告知客户。

　　售中客服人员应该选择哪种方式进行信息传送呢？手机是大家普遍使用的，在接收信息的便捷性与时效性上都具有优势，因此，售中客服人员可以选择以短信的方式及时告知客户商品的物流信息，如图4-23所示。

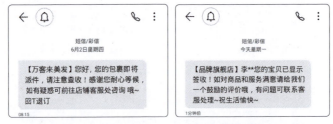

图4-23　通过短信及时告知客户商品的物流信息

　　要想利用短信通知客户发货、配送及签收的信息，售中客服人员可以在千牛工作台中单击左侧的"用户"选项卡，在打开的列表中选择"用户运营"栏下方的"场景运营"选项，在打开的界面中选择"运营工具"栏下方的"短信触达"选项，如图4-24所示，再在打开的界面中进行设置。

图4-24　选择"短信触达"选项

实训演练——售中客服人员催付操作

【实训背景】

王某某是某淘宝网店的售中客服人员，近来有一些客户拍下商品后却迟迟未付款，她便通过千牛工作台进行了催付，图4-25所示为王某某与某位客户的对话过程。

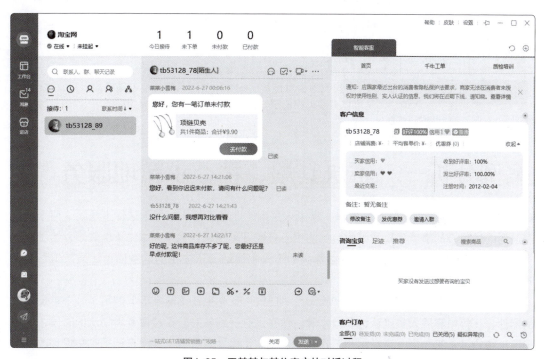

图4-25　王某某与某位客户的对话过程

【实训要求】

分析上述情况中王某某的催付操作是否有问题，并针对其所出现的问题提出优化策略。

【实训目标】

（1）掌握订单催付的相关知识。

（2）能使用催付策略促使客户付款。

【实训步骤】

（1）分析诊断王某某的问题。从对话可以看出，在催付过程中，王某某主要有两个问题：一是催付时间有问题，王婷婷第一次催付的时间为凌晨，在这个时间催付一方面可能会打扰客户休息，引起客户的不满，另一方面可能会因为客户已经休息，导致客户没看到催付消息。二是在客户说出迟迟未付款的原因是想货比三家后，王某某只是强调了商品库存不多，并没有针对性地采取对应措施。

（2）提出解决策略。针对第一个问题，在客户下单后的15分钟内，王某某应当及时对客户进行催付，如果客户在凌晨下单，则可选择在当天12:00以后进行催付；针对第二个问题，得知客户未及时付款的原因是想货比三家后，王某某应从商品本身以及服务上寻找差异，然后将本网店商品的优势展现给客户。参考对话示例如下所示。

您好，非常抱歉打扰您。您拍下的商品还未付款呢，付款成功后我们会尽快为您发货哦！

您好，您是对商品有什么疑问吗？有任何问题我将尽全力为您解决！

 没什么问题，我想再对比看看。

好的呢，本店商品都支持7天无理由退换货的呢！您买下后有任何不满意的，只要不影响二次销售都是可以直接退换的哦！商品库存已经不多了呢，您考虑一下吧！有问题就找我哦。

案例分析——不厌其烦、精益求精地服务

"最近遇到了很多不顺心的事情，家里人生病、业绩不好……但是这件事是我这两个月以来遇到的最暖心的事情了！我因为自己的粗心导致订单错误，但是你始终不厌其烦，给了我很多力量，真的是太谢谢你了！"电话那头的王先生说道。王先生的这番话也让吴某感到非常开心。

吴某是某数码电器淘宝网店的客服人员。15日，王先生在该网店下单购买了一个单反相机的配件，在售中客服人员确认订单信息时，他并没有仔细核对，在17日查看物流的时候才发现把地址填错了。王先生一直在杭州工作，此次出差工作地点在云南，他忘记把收货地址改到云南了。王先生19日就要使用该配件，17日晚上就要飞往云南，但快递要18日才能送到杭州，并且附近的实体店也没有适配的配件，心急如焚的他找到了吴某。在了解情况后，吴某当即在系统中为客户修改了正确地址，然而在30分钟后，吴某发现地址没有修改过来，她猜测可能是因为大促期间的特殊性，系统存在问题。为了避免自身操作错误给王先生添麻烦，她立刻打电话向王先生告知了此事。真诚致歉之后，吴某立即联系了快递公司，发现就算是改地址，最快也要20号才能送达云南。经过比较后，吴某迅速提供了另一套解决方案给王先生选择——"商品走退货退款流程，然后重新下单到云南，网店安排顺丰加急给客户送货"。

最终，王先生在19日早上顺利收到了该配件。工作结束后，王先生立即向吴某表达了谢意。他没想到吴某如此有耐心，并且能迅速为自己提供解决方案。后来，王先生还将自己的这番经历分享在网上，网友们也纷纷为吴某点赞。

点评：案例中的吴某始终不厌其烦地为王先生服务，并耐心地为其解决问题，因此获得了客户的真诚赞美。售中客服人员有责任和义务为客户解决有关订单的任何问题，只有不厌其烦、精益求精地为客户提供服务，才能赢得客户的信赖。

课后练习

1. 选择题

（1）[单选]以下选项中，不属于客户未付款的主观原因的是（　　　）。

　　A. 客户议价不成功　　　　　　　　B. 客户对商品有所疑虑

　　C. 客户想货比三家　　　　　　　　D. 客户忘记支付密码

（2）[单选]催付短信的内容应包含的要素不包括（　　　）。

　　A. 网店名称　　　　B. 网址　　　　C. 商品　　　　D. 时间

（3）[多选]下列有关不同类型商品的包装的说法中，错误的有（　　　）。

　　A. 服饰类商品多用包装袋进行包装

　　B. 首饰类商品可以使用一些保护性材料进行单独包装

　　C. 液体类商品必须注意包装材料的安全，即包装袋和包装盒必须清洁、干净且无毒

　　D. 书籍类商品对包装和运输的环境要求十分苛刻

2. 填空题

（1）以淘宝为例，常用的催付工具有3种，包括_____、_____和电话。

（2）若客户处于较为偏远的地区或客户指定某一家快递公司，则网店应在_____的前提下与客户共同协商，确定最终选择的快递公司。

（3）商品包装反映着商品的综合品质，一般可以分为内包装、_____和外包装3个层次。

3. 判断题

（1）售中客服人员最好不要对客户未付款的订单进行催付，因为会引起客户反感。（　　　）

（2）对于食品类商品，在包装时要注意包装的密封性，可抽真空后再包装。（　　　）

（3）淘宝提供了"自己联系物流""在线下单""无需物流""无纸化发货""官方寄件""官方货运"6种发货方式。（　　　）

4. 简答题

（1）客户迟迟未付款的客观原因有哪些？售中客服人员应当如何应对？

（2）简述催付的禁忌。

（3）简述商品包装的常见形式。

5. 实践题

（1）某位客户在网店下单了一副耳机，但迟迟未付款，网店客服人员询问客户后才知道，客户想再对比一下其他网店的耳机。假如你是该网店的客服人员，请试着设计一段催付话术，要能促使客户付款，并且不引起客户反感。

（2）假如你是某网店的客服人员，请了解学校附近的圆通、中通、韵达的快递价格和配送时间，说明你选择的快递公司及其原因。

（3）以下所示为某售中客服人员催付的聊天场景，阅读对话后回答相关问题。

您好，请确认您的订单！您有一份订单未付款，您付款成功后我们会立刻为您发货呢！

（2小时后）您好，这边看到您迟迟未付款，请问您是有什么疑问吗？

我看到评价里面有人说衣服有色差。

您好，我看到您拍下的是黑色，黑色衣服没有色差呢！

黑色没有色差，但也说明你们的衣服可能有问题啊，比如掉色什么的。

您好，您放心呢！黑色衣服大多都存在轻微掉色的可能，但是衣服是不存在质量问题的呢！您放心下单吧。

我再看看。

您好，我这边给您申请一张10元的优惠券可以吗？衣服数量有限，先到先得哦！

你们的库存数量不是显示还有300多件吗？我再看看吧。

① 案例中售中客服人员的催付操作有什么问题？

② 假如你是案例中的售中客服人员，该如何催促客户尽快付款？

CHAPTER 05

第5章
让客户满意——售后客服

引导案例

售后客服人员张某刚上班就收到了李女士的求助，她表示自己前几个月在网店中购买的净水器的滤芯显示红灯报警，无法起到过滤效果。维修师傅上门检测后发现是使用不当引起的净水器损坏。由于商品还在质保期内，因此她可以享受免费换新服务。但这款净水器需要先拆旧机才能预约上门安装新机，而李女士家的旧净水器拆除后会导致家里没水可饮用，严重影响日常生活。了解这个问题后，张某考虑到李女士的实际情况，立即联系了采销及物流部门，申请优先发出新机；同时联系安装工程师对接李女士完成旧机拆除及新机安装工作。次日，李女士顺利收到新的净水器并安装好，再次联系张某并感激地说："你们的售后服务太周到、太为客户着想了，以后净水器就一直用你们家的了！"

由此可见，售后服务与客户的满意度息息相关。在商品售出后，客户对商品的使用等方面存在疑惑时，售后客服人员应当及时与客户沟通，帮助客户解决问题。

学习目标

* 明确售后服务的重要性。
* 能及时跟进并处理客户的反馈信息、普通售后问题。
* 掌握一些纠纷与投诉的处理技巧，做好售后评价管理。

素养目标

* 培养为客户服务的意识，尽全力满足客户需求。
* 树立爱岗敬业的工作态度，为客户提供有温度的售后服务。

5.1 明确售后服务的重要性

售后服务就是在商品出售以后所提供的各种服务。随着商品经济的发展、客户维权意识的增强，以及消费观念的变化，在同类商品的质量和性能相似的情况下，客户越来越重视商品的售后服务。在网上交易的整个过程中，售后服务这一环节越来越重要。

↘ 5.1.1 提高客户的满意度

网店提供售后服务的目的是让客户满意，并将其发展为网店的忠诚客户。良好的售后服务能指导客户使用商品、解决客户的问题，能在无形之中提高客户的满意度。图5-1所示为某网店的商品评价，从中就可以看出客户的满意度不仅取决于商品，还取决于网店的售后服务。

图5-1 某网店的商品评价

 知识补充

客户满意度反映指标——DSR评分

DSR评分是指客户完成交易后给出的"描述相符""服务态度""物流服务"3项评分，如图5-2所示。较高的DSR评分可以让网店排名更靠前，从而带来更多流量，会大大提高网店销量。DSR评分中，"服务态度"的评分能够反映客户的满意度。对于网店而言，售后服务做得好，客户满意度就会提高，DSR评分也就会高。

图5-2 DSR评分

↘ 5.1.2 提高客户的二次购买率

高质量的售后服务不仅可以提高客户的满意度，还可以让客户更加信任该品牌，并增加客户重复购买的概率。例如，某品牌正是由于其商品质量和售后服务优秀，才使得许多客户在有电器购置需求时首先考虑该品牌，如图5-3所示。

此外，即便在交易过程中，许多客户产生了不满意的体验，只要售后服务做得好，网店也能在很大程度上解决客户在前期购买过程中遇到的问题，甚至还能让客户体会到网店的责任感，进而将对网店有过不满情绪的客户转化为忠实客户，让这些客户再次购买网店的商品。

图5-3 提高客户的二次购买率

↘ 5.1.3 减少网店的负面评价

在经营网店的过程中，中差评和负面评价是很多网店比较头疼的问题。中差评和负面评价不仅会影响网店和商品的流量，还会降低客户对网店的信任度，影响客户的购买决策。网店在商品销售出去以后为客户提供良好的售后服务，能扭转客户对商品、网店的看法，进而使客户在评论区对之前的负面评价做出更客观的追评，从而减少负面评价。图5-4所示为利用售后服务减少网店负面评价的案例，从图中可以看出，客户本来对网店有诸多不满，但是售后客服人员的工作使其改变了评价。

图5-4 减少网店负面评价的案例

5.2 跟进并处理客户反馈信息

跟进并处理客户的反馈信息是售后服务中较为关键的一环。客户收到商品并不意味着服务终止，售后客服人员应主动跟进并处理客户的反馈信息，如收到的商品是否完整、商品使用是否正常、客户对商品是否满意等。

↘ 5.2.1 主动询问客户商品的使用情况

主动询问客户商品的使用情况，不仅可以让客户感受到网店服务的专业，还能让客户感受到被重视。一般来说，在客户收到商品的一个星期之内，售后客服人员可以主动询问客户商品的使用情况。

案例演示：

：您好，衷心感谢您对小店的支持，上次您在我们店购买的蒸蛋器用起来怎么样啊？

：您好，系统显示您的宝贝已经签收啦！请您仔细检查商品是否完整，商品使用是否方便，如果有任何问题，您可以告诉小曼哟！ 😊

：您好，您购买的坚果有损坏吗？合您口味吗？有任何问题，您可以告诉小依哦！

主动询问客户商品的使用情况，可以让客户感受到网店的诚意。即便商品存在一些小瑕疵、小问题，售后客服人员主动询问和沟通，也会让客户的不满情绪减少很多，客户甚至会因为售后客服人员的主动询问而忽略商品存在的小问题。

↘ 5.2.2　及时收集反馈信息并做出调整

市场状况是网店选择出售商品类型的主要因素，客户的意见则是网店调整经营模式的重要依据。在为客户提供服务的过程中，售后客服人员要注意及时收集客户的反馈信息并及时上报反馈信息，便于网店经营者根据客户的需求及时调整所售商品。以某背包品牌为例，售后客服人员从客户的反馈信息中得知自家商品存在储存空间小的情况，上报后，品牌商联系了工厂进行改造升级，如图5-5所示，从而提高了商品的品质和销量。

图5-5　及时收集反馈信息并做出调整

在跟进客户的过程中，售后客服人员可以用表格记录客户的意见和建议，如表5-1所示。

表5-1　客户反馈登记表

客户 ID	购买时间	购买的商品	反馈意见

5.3　处理普通售后问题

普通售后问题的处理是指在正常交易情况下，客户由于某些主、客观原因对商品或服务不满，但愿意用沟通协调的方式去解决。普通售后问题的处理是售后客服人员的主要工作之一，售后客服人员需要掌握相应的方法来处理不同的售后问题。

↘ 5.3.1　查单、查件问题

在商品发货后，客户经常会向售后客服人员询问一些与物流相关的问题，常见的有查单、查件等，如快递显示已经签收但本人尚未收到、商品物流状态显示为疑难件等问题。售后客服人员遇到客户因以上问题而产生疑虑或者不满时，应当耐心倾听、快速反应，并有针对性地采取适当的方法帮助客户解决问题。

1．快递显示已经签收，但并非本人签收

这是线上交易过程中出现频率较高的一个问题。出现该问题的原因，有可能是快递被送到了物业、门卫、快递超市等处，也可能是收件人在快递派送的时候无法签收改由其他人代为签收。

当客户向售后客服人员咨询这类问题时，售后客服人员首先需要表明会负责任，然后积极联系快递公司，查询实际收件人，并向客户做出反馈。

2．疑难件无法派送

疑难件无法派送也是常见的物流问题之一。在快递派送过程中，地址错误或者联系不到客户时，快递没有办法被派送至客户手中。客户长时间收不到快递或者查看物流状态时发现显示为疑难件，便会咨询售后客服人员。

碰到类似情况时，售后客服人员要注意及时收集客户的最新信息，比如手机号码、收件地址以及可签收快递的时间等，并及时反馈给快递公司，督促其根据最新信息派件。

3．超区件无法送达

有些客户所在地相对来说比较偏远，没有设置物流配送的服务网点，未开通快递送货上门服务。在这种情况下，如果出现售后问题，售后客服人员需要与客户确定以下两个细节。

- **是否可以加钱送货或转其他快递公司**：如果可以，为了提高客户的满意度，售后客服人员可以选择这种方法。
- **是否可以自提**：在路途不远的情况下，售后客服人员可以和客户协商，询问客户是否方便自提。

4．因不可抗力无法派送

地震、洪水或暴雪等属于不可抗力。当出现不可抗力造成不能及时派送快递的情况时，售后客服人员首先要密切关注事态的发展，然后及时和客户取得联系、说明原因，并把最新动态告知客户。

如果确实是非网店所能解决的问题，售后客服人员则要努力寻求客户的谅解，并给出合适的补偿方案。

5．节假日及特殊活动后派件时间延长

在"6·18""双十一"等规模较大的促销活动中，短时间内将产生大量的商品交易，经常有快递爆仓的情况发生，从而导致派件时间延长。客户在咨询相关问题时，售后客服人员应耐

心向客户解释快递未按约定时间送达的原因，让其耐心等待，并说明会尽量催件。

6. 快递丢失或破损

快递公司或第三方因不可控因素导致快递在运送过程中丢失或破损等也是常见的物流问题。客户就这类问题咨询时，容易出现急躁不满的情绪，此时售后客服人员需要先安抚客户，然后及时和快递公司确认情况。如果情况属实，售后客服人员就需要及时回复客户，并做好后续的补救工作。

↘ 5.3.2　正常退货、换货问题

正常退货、换货是指客户在收到商品后，由于商品质量问题、发错货、7天无理由退换货等，要求网店退换商品。一般来说，正常退货、换货的相关信息在商品详情页中必须有所说明，如图5-6所示。

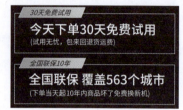

图5-6　退货、换货的说明

1. 换货

售后客服人员如果遇到发错货、商品质量问题、7天无理由退换货等原因导致的换货问题，可根据客户的要求先查明原因，确定符合换货条件的应立即给客户换货，与此同时一定要备注跟进。

案例演示一：

: 我要的是M码，怎么给我发的是L码呀？

: 您好，真是抱歉了！您先拍个照片给我看一下。如果的确发错了，我这边马上为您安排发送M码的，同时请您把L码的裙子退回来可以吗？麻烦您了！

: 我先拍照给你。

从上述对话中我们可以看出，客户换货的原因是网店发错货了，此时售后客服人员需要先表达歉意，然后确认商品是否发错，确认发错后应根据客户的要求换货。

案例演示二：

: 您好，我觉得这个白色的T恤不太适合我，能换成蓝色的吗？

: 可以的。请保证包装、吊牌完好且没有清洗！同时在退换货单上写清楚您的淘宝ID、联系方式及换货原因，然后寄到×××××××××。我们为您的商品投付了运费险，但需要您先行垫付运费！拒收货到付款件，谢谢！

从上述对话中我们可以看出，换货的原因是白色T恤的上身效果不佳。在这种情况下，售后客服人员应该同意换货，并说明换货的条件。

2. 退货

退货是网店比较头疼的问题，且退货原因多种多样。售后客服人员若能合理而及时地处理和跟进，大多数的退货问题都可以避免。售后客服人员遇到要求退货的客户时，应先查明原因，并及时为客户解决问题，尽量引导客户取消退货，与此同时一定要备注跟进。

案例演示：

🔴：你家帽子质量未免太差了吧？我才戴了一个星期，帽子顶部就脱线了，我要退货！

🔴：您好，麻烦您提供下照片，以方便我核实哦！可能是缝制时不太精细。您看这样行吗？您自己缝制或者让专业的裁缝师傅帮忙处理一下，我这边为您提供补偿。

🔴：我考虑考虑。

从上述对话可以看出，客户所购商品出现了质量问题，客户要求退货。售后客服人员在处理时先要求客户提供证据，再给出具体的处理方案。这个方案的目的是引导客户取消退货。若客户同意，则这个订单会正常完成；若客户不同意，仍旧坚持退货，那么售后客服人员也一定要满足客户的要求。

 知识补充

不可退换商品

需要注意的是，电子商务平台规定部分商品不可退换，如客户定制的商品、贴身衣物等，另外影响二次销售的商品原则上也不支持退换。如果客户要求退换这类商品，售后客服人员应该向客户耐心解释此类商品不能退换，请求客户的谅解。当然，要减少这样的纠纷，售前客服人员需要在客户购买时主动告知客户相关信息。

↘ 5.3.3　退款问题

根据电子商务平台为网店提供的退款处理办法，退款原因主要分为5类，售后客服人员可以根据每一类退款原因采取有针对性的处理办法和后续跟进措施，如表5-2所示。

表5-2　常见退款原因与处理办法和后续跟进措施

常见退款原因	处理办法	后续跟进措施
商品破损、少件等	（1）要求客户提供实物照片，以确认商品情况 （2）向快递公司核实是谁签收的包裹 （3）如果非本人签收，且没有客户授权，建议售后客服人员直接给客户退款，并向快递公司索赔，避免与客户产生纠纷	（1）发货前严格检查商品质量 （2）选择服务品质好，尤其是签收操作严格规范的快递公司 （3）提前与快递公司约定，送货过程中商品破损、丢件等造成的损失由谁承担
商品质量问题	（1）要求客户提供实物照片，确认问题是否属实 （2）核实进货时商品质量是否合格 （3）如果确认商品质量有问题或无法说明商品质量是否合格，可直接与客户协商解决，如退货退款	（1）重新选择优质的进货渠道 （2）进货后保留好相关的进货凭证

续表

常见退款原因	处理办法	后续跟进措施
与描述不符	（1）核实商品详情页中的描述是否有歧义或者容易让客户误解 （2）核实是否发错商品 （3）如果描述有误或者发错商品，售后客服人员可以与客户协商解决，如换货、退货退款等，避免与客户发生纠纷	（1）确保商品描述通俗易懂，不易产生歧义 （2）确保发出的每一件商品都与客户购买的商品一致
收到假货	（1）核实供应商是否具备相应资质 （2）如无法确认供应商资质，可直接与客户协商	（1）选择有品牌经营权的供应商 （2）进货后保留好相关的进货凭证或商品授权书
退运费	（1）核实发货单上填写的运费是否少于订单中客户所支付的运费 （2）如果有误，将超出金额退还给客户	运费模板要及时更新，如果有特殊情况，应及时通知客户

知识补充

退货退款问题的处理

售后客服人员遇到要求退货退款的客户时，应该先查明原因，掌握客户的实际意图，找到并解决问题。对于可退可换的情况，售后客服人员可与客户沟通，将退货退款转化为换货，以降低退货退款率。

↘ 5.3.4　售后维修问题

如果客户所购商品属于三包类商品，网店在保修期内应该为客户提供售后服务，如换货或维修等。对于售后维修而言，客户一般会咨询以下4个方面的问题，如图5-7所示。此时，售后客服人员应根据实际情况进行解答，且必须核实情况后再做处理。

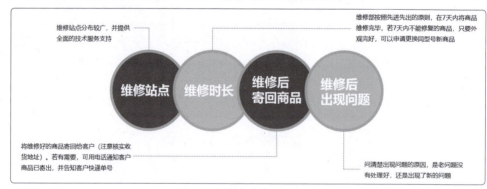

图5-7　关于售后维修的问题

图5-8所示为售后客服人员处理售后维修问题时的聊天场景。

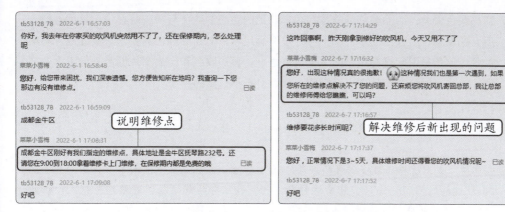

图5-8　处理售后维修问题时的聊天场景

5.4　处理纠纷与投诉

纠纷是指买卖双方就具体的某事或某物产生了误会，或者一方刻意隐瞒事实，导致买卖双方协商无果的情形。投诉是指客户就网店商品或服务与网店经营者产生争议，导致消费权益受损，采取的请求电子商务平台等保护自己的消费权益的行为。对于售后客服人员来说，一旦与客户发生纠纷或收到投诉，处理起来往往比较麻烦，因此，售后客服人员需要了解纠纷或投诉产生的原因，并尽自己最大的努力去处理。

5.4.1　纠纷产生的原因

客户在网店购买商品的过程中，与网店产生纠纷的原因主要有商品质量问题、商品价格问题、快递问题和货源问题，下面进行详细介绍。

1. 商品质量问题

商品质量是指商品本身规定或潜在要求的特征和特性的总和。因商品质量引起的纠纷统称为商品质量问题，并分为外观质量、使用质量和客户心理预期3个方面。

（1）外观质量

外观质量是指商品在外观方面满足客户需要的性能，主要表现在商品的光洁度、造型和颜色等方面，客户在收到商品后能够通过肉眼进行识别。网购商品的外观质量问题主要表现在商品缝制质量差、商品的局部瑕疵和商品颜色偏差3个方面。

- **商品缝制质量差**：商品缝制质量差主要出现在服装类目中，客户收到商品后应仔细检查商品的缝制质量，包括缝制线路是否顺直、是否存在脱线、纽扣是否牢固等问题。
- **商品的局部瑕疵**：商品的局部瑕疵是指商品在功能和性能上并不影响正常使用，但在外观上有一定的划痕、污渍或毛边等。例如，电子商品的外壳上有轻微的划痕，虽然不影响商品的正常使用，但客户不认同。

● **商品颜色偏差**：商品颜色偏差是指客户收到的商品的颜色与网店所呈现、售后客服人员所介绍及客户所预期的颜色不一样，没有满足客户对商品颜色的要求。商品图片与实物的颜色偏差是引起这种纠纷的主要因素之一。客户收到和商品图片颜色差异太大的商品时，就容易对整个商品产生抵触感，从而引起不必要的纠纷。

案例演示：

：你家的裤子质量真是不敢恭维，新买的裤子，穿一次后就开线了！简直无语了，我必须投诉你们！

：您好，发生这样的事情实在抱歉，我这边立即通知仓库重新检查，清出问题商品，避免再次出现这样的问题。您好，您看这样行不行？我立即为您退款，并给您一张无门槛的优惠券。给您带来这样的麻烦实在很抱歉。

（2）使用质量

商品的使用质量是指商品在使用过程中表现出来的质量问题，直接影响客户对商品的使用。商品的使用质量主要通过商品的便捷性、商品的耐用性、商品的可靠性及商品的功效性等方面体现出来。

● **商品的便捷性**：商品的便捷性是指商品使用的方便程度，商品质量对其使用的方便程度有很大影响。例如，客户网购了一个U盘，在商品质量没有问题的前提下，U盘的容量是32GB，可客户发现购买的U盘的实际容量只有25GB。虽然客户仍然可以享受商品的使用价值，但在使用过程中会有很多不便，如U盘已用容量为20GB，又要存储8GB的文件时就需要清理旧文件。

● **商品的耐用性**：商品的质量决定了商品的使用期限，商品的使用期限反映了商品的耐用性。例如，在网上购买电动牙刷时，客户十分重视电动牙刷使用寿命的长短。若售后客服人员承诺电动牙刷在一年内不会出现任何质量问题，而客户只使用了3个月电动牙刷就坏掉了，那么客户就会对商品的质量产生怀疑。

● **商品的可靠性**：商品的可靠性是指商品的功效在规定期限内的稳定性，商品的生产日期、质量检测报告等都属于商品质量可靠性的证据。例如，客户在网上购买了一箱奶制品，收到货后却发现是临期商品，那么这些商品是不可靠的，会直接影响客户对于网店的信任。

● **商品的功效性**：商品的功效性是指商品的性能（或功能）在使用过程中得到证实或被发挥的程度。例如，以保温著称的水杯是否真正具有保温的功效。

案例演示：

：你好，我收到了保温杯，你们宣传的是保温10小时，但是我放置一下午后，保温杯里面的水就冷了，怎么回事啊？

：您好，发生这样的情况实在抱歉。我们发出去的每个保温杯都是经过严格测试的，但保温杯的保温效果还受外界环境温度等因素的影响。影响了您的心情真的很抱歉，您看这样可以吗，我这边申请给您补偿10元。

：行吧。

（3）客户心理预期

由于网购的特殊性，客户只能通过商品详情页、买家秀等来建立自己对商品的期望，客户对商品的期望就被称为客户心理预期。客户对商品期望过高，而实际收到的商品远低于自己的心理预期时，就会产生巨大的心理落差，很容易引发纠纷。此时，售后客服人员应该耐心地向客户解释，争取得到客户的理解，还可适当提供一些小礼品以安抚客户的情绪。

 知识补充

降低客户心理预期

要避免客户心理预期过高而引起的纠纷，关键还是要在售前环节适当降低客户心理预期。例如，在为客户介绍商品时，补充一句"因灯光及显示器等因素，可能造成商品图片与实际颜色存在细微差异，请以收到的商品为准"等。另外，网店在商品详情页中也应当进行说明，如图5-9所示。

trial wear （由于每个人身形不同，请根据自身的实际情况和穿着喜好选择哦！）				
试穿者	身高cm/ 体重kg	三围/cm	体型	本次试穿
碎碎	155/43	78/60/87	匀称/清瘦	XS宽松合适
雨雨	155/45	78/66/88	匀称	XS宽松合适

特别提示：由于商品到货批次不同，部分款名及货号与页面展示有所不同，请以实际收到的商品为准；因受灯光及显示器等因素的影响，可能造成商品图片与实际颜色存在细微差异，请以收到的商品为准

图5-9 降低客户心理预期

2. 商品价格问题

价格是客户在购物过程中较为关注的内容。如果刚买的商品突然降价，降价的幅度还不小，客户肯定会觉得网店不诚信，进而产生纠纷，甚至投诉网店。当客户有购买意愿时，如果商品价格将有较大的变动或者将有优惠活动，售后客服人员需要如实告知客户，让客户自行选择购买时间，提前预防价格原因而产生的纠纷。如果商品出现价格差异的时间很短，且客户没有办法接受，售后客服人员就可以通过赠送小礼品、返还差价等方式进行补偿。

案例演示：

😠：怎么回事啊？这款手机我刚买一个月就降价了，足足降了200元。

😊：您好，实在很抱歉！最近我们在做十周年店庆活动，满3000元减200元，所以价格会比以前低。我给您申请一个价值299元的蓝牙音箱作为补偿，行吗？

😠：我家里已经有蓝牙音箱了。

😊：那我给您申请退还差价可以吗？直接给您退回原付款账户。

😠：可以的。

3. 快递问题

当商品成功地销售给客户，客户付款后，商品便进入快递环节。在这个环节之中，快递公司的操作是不可控的，由此会产生很多纠纷。一般而言，纠纷率较高的快递问题主要有发货延迟、快递速度过慢和商品破损。

　　为解决这类纠纷，售后客服人员可以针对不同的问题采取有针对性的处理方法，如表5-3所示。

表5-3　快递问题纠纷的处理

纠纷情况	原因	处理方法
发货延迟	库存问题、与售前的工作交接问题及售后遗漏问题等	售后客服人员要耐心地安抚客户，并与售前、售中客服人员沟通，找出问题，催促发货
快递速度过慢	多出现在促销活动期间，快递单量大、人手不够等	对于客户：在回答客户关于快递送达时间的问题时，要尽量多说1～2天，切忌用"肯定""应该"等词 对于快递公司：要与快递公司取得较为积极的联系，协商包括快递延迟送达怎么处理等问题，最好能形成书面协议；另外，售后客服人员要善于维护与快递公司及快递员的关系
商品破损	派送商品的过程中造成了破损	售后客服人员要查明是自身的责任还是快递公司的责任，如果经排查确实是快递公司的责任，则应当先安抚客户，然后向快递公司索赔。如果商品破损严重，需要安排补发，售后客服人员在商品发出时要向客户与快递公司说明和交代，提醒客户亲自验货后再签收，若在收货时对商品有异议，如外包装损坏、浸湿等，要有承运人的书面签字确认

4. 货源问题

　　客户在付款之后，网店才告知货源出了问题，未能及时发货或根本不能发货，这种情况会让客户很不满意。由这样的原因引起的纠纷即为货源问题，网店常见的货源问题主要为缺货和断货。

　　（1）缺货

　　商品缺货可以通过再生产补足库存，这就需要售后客服人员对再生产完成的时间有一个预估，并且将预估的时间如实告知客户。若客户无法接受等待的时间，售后客服人员则需要为客户换货或者退款。

　　案例演示：

　　🧑‍💼：您好，非常抱歉！我刚刚接到仓库那边的通知，您拍下的这款牛仔裤已经没有现货了。您可以看一下这款牛仔裤，两款的质量都是非常不错的，款式和价格也差不多呢……

　　🧑：但我还是喜欢刚拍下的那款。

　　🧑‍💼：您好，我刚和工厂那边核实了一下，您想要的这款牛仔裤正在加班赶制，要后天才能为您打包发货。您看是否愿意多等两天？

　　🧑：没问题，你发货的时候通知我一下。

　　（2）断货

　　断货在网店开展的清仓活动中较为常见。网店在开展清仓活动时客流量大、销售量高，售后客服人员与仓库未及时取得联系或商品数量更新不及时，没有及时下架缺货商品，会导致在客户拍下商品后才发现商品断货。售后客服人员在面对因商品断货而产生的纠纷时，一定要及时向客户道歉并说明情况，及时退款、换货，以消除客户的不舒适心理，如图5-10所示。

图5-10 对商品断货纠纷的处理

5.4.2 处理纠纷的流程

处理纠纷和投诉是技巧性比较强的工作，需要长时间的经验积累。对交易纠纷的处理，能够很好地锻炼售后客服人员的心理承受能力和应变能力。售后客服人员在处理本网店与客户之间的纠纷时，应坚持有理、有节、有情的原则，并按照倾听、分析、解决、记录、跟踪的流程进行处理。

1. 倾听

客户收到期盼已久的商品，却发现商品和其心理预期相差甚远时，便可能会找售后客服人员抱怨。此时，售后客服人员首先要充分理解客户的心情，耐心倾听客户的抱怨，给予客户发泄的机会。当然，售后客服人员不要让客户觉得在被敷衍，要保持情感上的交流，认真倾听客户的倾诉，把客户遇到的问题判断清楚。耐心倾听客户的抱怨之后，无论产生纠纷的原因是什么，售后客服人员都应当及时道歉，让客户知道自己已经了解了他的问题。

2. 分析

售后客服人员认真倾听客户的抱怨后，需要分析、归纳客户反馈的问题，然后找出客户抱怨的原因。客户抱怨的原因主要有以下4种，如图5-11所示。

图5-11 客户抱怨的原因

客户抱怨的原因多种多样，有的抱怨只针对图5-11中的一两个方面，有的抱怨则针对多个方面。倾听后，售后客服人员要弄清楚客户抱怨的重点，找到客户急需解决的问题。

案例演示：

🧑：你家发的什么快递呀，比蜗牛还慢，等了差不多一个星期才到。发货慢就算了，商品质量也差，用了两次就坏了，现在根本没办法继续用了！等于买了一个废品回家，简直无语。而且之前的售后客服人员态度也差，催了几次才发货。

上述客户的主要抱怨问题有：快递运输速度慢、商品质量差、售后客服人员服务态度不好及发货速度慢。此时售后客服人员要明白，客户的抱怨是从快递运输速度太慢开始的，这一点引发了其对整个购物过程的不满，而客户最不能接受的还是商品的质量问题，那么在为客户解决问题时首先要保证商品能正常使用，客户的其他抱怨与不满则可以采取其他手段弥补。

3．解决

售后客服人员在了解客户抱怨的真实原因后，就要竭尽全力地为其解决问题，这是处理纠纷的关键。在解决客户抱怨的问题时，售后客服人员首先要安抚客户的情绪，然后对客户提出的问题进行相应的解释，请求客户理解，最后提出解决方案，努力与客户达成共识。

售后客服人员在解决问题之前，要针对客户所描述的情况进行分析，厘清责任，针对不同的责任对象提出不同的解决方法。

- **网店的责任**：因网店或售后客服人员在销售商品或服务环节的疏忽造成客户精神、财产受损时，网店应该承担主要责任，让纠纷得到妥善处理。处理纠纷的方法为：首先主动承担责任，诚挚地道歉；然后主动退换货，并承担来回运费；最后给予客户一定的补偿，如赠送优惠券、升级为会员等。
- **快递公司的责任**：当客户向售后客服人员抱怨快递运输过程中的掉件、商品受损等问题时，售后客服人员要帮助客户主动联系快递公司，弄清楚快递在运输过程中出现的问题，并要求快递公司赔偿，向客户赔礼道歉。
- **客户的责任**：在商品交易过程中，如果是客户操作不当或者客户心理预期过高等原因引起的交易纠纷，售后客服人员也要从网店的利益出发，让客户承担纠纷中的主要责任，不能一味地忍让和纵容。

4．记录

售后客服人员在与客户就纠纷事宜达成一致后，要记录协商情况，总结客户抱怨的原因、纠纷的严重性及纠纷的解决方案等。这些记录不仅可以为售后客服人员积累处理纠纷的经验，还可以帮助网店各个部门根据客户的抱怨进行反省，检查工作是否做到位，以此督促网店做得更好。售后客服人员可以参考表5-4进行记录。

表5-4　客户纠纷处理表

昵称	处理时间	购买商品	抱怨原因	责任认定	处理方案	客户满意度

5．跟踪

一名优秀的售后客服人员除了能顺利处理纠纷并提出客户认可的解决方案外，还需要对纠纷的处理进行跟踪，包括了解纠纷处理的进度和满意度。

- **纠纷处理的进度**：对客户采取了什么样的补救措施、现在进行到了哪一步，都应该及时告诉客户，让客户了解售后客服人员所付出的努力。当解决方案得到了落实，网店也十分重视的时候，客户才会放心。
- **纠纷处理的满意度**：在解决了与客户的纠纷之后，售后客服人员还应该进一步询问客户对解决方案是否满意、对处理纠纷的速度是否满意，通过这些弥补性的行为，让客户感受到网店的诚心和责任感，用实际行动感动客户。

5.4.3　处理严重退款纠纷

除了了解纠纷产生的原因、处理纠纷的流程外，售后客服人员还应该掌握具体的各种纠纷的处理方法，特别是严重退款纠纷。严重退款纠纷就是客户在申请退款之后发现网店不同意退款，遂要求电子商务平台介入的纠纷。电子商务平台介入之后，无论怎样判决，都会产生退款纠纷。严重退款纠纷将影响网店的纠纷退款率和产生相关的平台处罚问题。

网店的纠纷退款率过高会使平台限制网店参加一些营销活动，以及降低网店商品的排名。就淘宝而言，网店自淘宝检查时起前一个月内的纠纷退款率需要低于淘宝规定的指标，否则将"暂停淘宝直通车软件服务14天"。

对于严重退款纠纷，售后客服人员最好在客户对交易有异议或申请退款、售后时，主动与客户协商，尽可能帮助客户处理好交易问题。若双方无法达成一致，且一方申请淘宝客服（淘宝官方客服团体，负责处理各种客户与商家的交易纠纷）介入，售后客服人员此时应将妥善保存的相关凭证和证据交给淘宝客服。淘宝客服会根据证据来判定对错。

知识补充

纠纷退款率对网店的影响

纠纷退款率不仅会影响网店的权重，而且会影响网店的搜索排名，因此网店要致力于降低纠纷退款率。网店应该采取相应的措施，比如严格审查商品，发现商品不符合市场需求就尽快下架，更换新商品。遇到纠纷退款时，售后客服人员应该积极与客户取得联系，协商解决问题，最好不要申请电子商务平台介入。

5.4.4　处理货不对板纠纷

货不对板纠纷主要分为商品与描述不符、销售假货和赠品纠纷3种情况。

1. 商品与描述不符

各大电子商务平台对商品与描述不符有明确规定。如淘宝规定，商品与描述不符是指客户收到的商品或淘宝官方抽检的商品与达成交易时网店对商品的描述不相符，网店未对商品瑕疵、保质期和附带品等必须说明的信息进行披露，妨害客户权益的行为，包括以下情形：

- 网店对商品材质、成分等信息的描述与客户收到的商品严重不符，或导致客户无法正常使用的；

● 网店未对商品瑕疵等信息进行披露，或对商品的描述与客户收到的商品不相符，且影响客户正常使用的；

● 网店未对商品瑕疵等信息进行披露，或对商品的描述与客户收到的商品不相符，但未对客户的正常使用造成实质性影响的。

经核实，商品存在质量问题或与描述不符的，相关交易做退货退款处理。

案例演示：

：你们家的羽绒服怎么回事？我明明买的是羽绒服，发给我的怎么是棉服！

：您好，我们的商品都是严格按照实物进行描述的，都是羽绒的噢！

：是啊，你们商品描述里说的是羽绒服，但我收到的是棉服。羽绒和棉的手感与材质都不同。

：您好，您说我们发的不是羽绒服，那要提供相应的凭证噢！

：这个就是我在羽绒服里面取出的填充物，明显是棉，不是羽绒！你们坚持认为这是羽绒服，那我只好申请淘宝客服介入了。

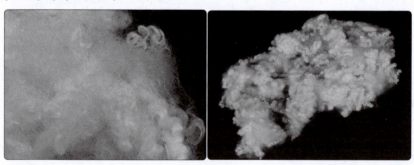

从上述对话中可以看出，客户表示会申请淘宝客服介入。淘宝客服介入后会根据商品的进货凭证（品牌授权凭证和进货发票）与客户反馈材质不符的凭证判断责任方。若证实网店确实存在用棉服充当羽绒服的情况，将支持给客户退货退款，由网店承担来回运费，并给予网店违规处罚。

2. 销售假货

若遇到客户说网店销售的商品是假货时，售后客服人员应当及时出具质量检验合格证明等；若网店在选品方面出现了问题，售后客服人员应当耐心地向客户解释，并保证网店后续一定会加强商品的选择、质检和管理。需要注意的是，电子商务平台是严禁销售假货的，一旦遇到因客户收到假货引起的纠纷，售后客服人员应该为客户办理全额退款，并向客户支付赔偿。

3. 赠品纠纷

赠品纠纷即因为赠品出现问题而引发的纠纷。从客户的角度来看，尽管赠品是免费的，但是也会对赠品有期待和要求。网店可以从以下几个方面入手，尽力避免发生赠品纠纷。

● 挑选赠品时要慎重，质量太差会影响客户的满意度，甚至可能会引发纠纷。

- 保证赠品库存充足，严格按照订单约定发货。若无法按订单约定发放赠品，则在发货前应与客户充分沟通，征求客户的意见。
- 应在商品详情页里提示客户赠品属于额外的礼物，若介意请勿拍等。这种提示可以在一定程度上降低客户因赠品产生纠纷的概率。

拓展知识——淘宝赠品问题争议处理规范

售后客服人员在处理因赠品而引起的纠纷时，需提供发货前与客户协商的聊天记录，提供商品详情页中有关赠品的说明等信息，以理服人，但首先应该安抚客户的情绪。

5.4.5　处理未收到货纠纷

快递的运输时间受多方面因素的影响，而且网店无法控制，因此引发的纠纷很多。那么，遇到因客户未收到货而产生的纠纷时，网店该如何处理呢？此时，售后客服人员就需要通过快递跟踪信息来判断货物风险到底属于客户还是网店。

货物风险转移的关键在于收货人是否签收商品。具体来说，在收货人或者得到收货人授权的签收人签收之前，货物风险由网店承担。在签收之前产生的任何损失，由网店负责向承运的快递公司索赔；而货物一旦被收货人或者得到收货人授权的签收人签收，货物风险就转移至收货人。

1. 客户未签收

如果物流跟踪信息上显示客户已签收，但是客户说自己并未签收过商品，售后客服人员就需要根据签收底单进行判断。图5-12所示为售后客服人员与未收到货的客户的聊天场景。

图5-12　售后客服人员与未收到货的客户的聊天场景

从聊天记录中可知，商品非客户本人签收，但大概率是由客户的妈妈签收的，并且网店提供了快递签收底单，所以货物风险要由客户承担。

2. 客户签收后发现少货

有的客户在签收时没有打开包装查看商品，待签收后拆开包裹才发现少货。遇到这样的情况，售后客服人员应该在第一时间和派件的快递公司取得联系，首先确认签收人与订单上的收货人是否一致，然后要求当地快递公司提供客户本人的签收底单，如果确实发现是少发货，应该及时安排补发。图5-13所示为售后客服人员与签收后发现少货的客户的聊天场景。

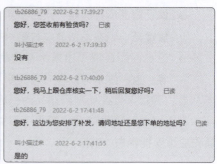

图5-13 售后客服人员与签收后发现少货的客户的聊天场景

从聊天记录中可知，客户反馈少货，售后客服人员首先请客户提供了证据，并与仓库进行了核实，最后安排了补发，这在很大程度上可以减少客户的不满。需要注意的是，商品由客户本人签收，在签收之前没有对商品进行验货，一旦发现少货，售后客服人员提供客户本人签收的底单后，实际货物风险需要由客户承担。

5.4.6 处理客户投诉

收到客户的投诉，说明交易存在的争议较大，而买卖双方的争议点依然集中在发货、换货、退款、补差价等问题上。但这些问题买卖双方容易各执一词，再加上售后客服人员与客户的交流不顺畅，导致客户出现诸多不满，就会申请电子商务平台介入。一旦投诉成立，网店将会面临严重的处罚。网店被处罚的程度会因客户投诉的原因而不同，下面以淘宝为例介绍客户投诉的几种类型，具体内容如下。

- **发货问题投诉**：包括未按约定时间发货、缺货/发不了货/拒绝发货、加价不发货和虚假发货等行为。网店的发货时间以承运人官网或系统内有记录的时间为准。如果出现未按约定时间发货的情况，网店须向客户支付该商品实际成交金额的5%作为违约金，赔付金额最高不超过50元，最低不少于5元；对于除此情况之外的其他情况，网店须向客户支付商品实际成交金额的30%作为违约金，赔付金额最高不超过500元，最低不少于5元。

- **承诺不履行投诉**：即网店未按约定或淘宝规定向客户提供承诺的服务，妨害客户权益的行为。若客户投诉网店有承诺不履行行为，淘宝核实成立，将对网店按每次扣4分或6分不等的标准进行处罚。

- **辱骂骚扰问题投诉**：即网店在交易中或交易后采取恶劣手段辱骂、骚扰客户，妨害客户消费权益的行为。对此客户可发起投诉，投诉一经成立，情节一般的，网店需赔付1000元；3次及以上的，网店每次需赔付1000元且扣12分；情节严重的，网店每次扣48分。

处理客户投诉是整个销售过程中非常重要且比较困难的环节，售后客服人员要认真对待。售后客服人员在处理客户投诉时，一定要注意把握时间，所有的投诉必须在3个工作日内让客户撤销，严格执行半小时跟进制度。一般来说，一旦收到客户投诉，售后客服人员需要遵循以下原则进行处理。

- **勇于承认错误**：售后客服人员在了解客户投诉的具体事由后，如果确实是己方的错误，就应该勇敢承认并向客户道歉，不要试图和客户狡辩。即便是因客户误会而产生的问题，售后客服人员也应该耐心地和客户解释，并解决问题。因为处理客户投诉的目的就是化解客户的不满，重新赢得客户的信任。
- **及时提出解决方案**：向客户道歉后，售后客服人员就可以在适当的时机做出承诺，并对当前的情况进行评估，然后提出合理可行的解决方案，争取使客户满意。售后客服人员提出的解决方案最好是两个或多个，以供客户选择。这对于化解怒气、安抚情绪、消除不满都是非常有用的。
- **尊重客户意见**：在提出解决方案时，售后客服人员还应当尊重、征询客户的意见，等客户同意后再做决定。需要注意的是，售后客服人员在询问客户的意见时，语气一定要委婉、温和，切记千万不能和客户再发生争执，不要让本来就充满怨气的客户再添怒气。

案例演示：

：您好，我们收到了您的投诉，由于我们的错误影响了您的购物心情，真的非常抱歉，请问您可以告诉我们具体是什么问题吗？我们一定好好改正！

：你们店怎么回事啊？说好的3～5天就发货，我都催了好几次了，每次都说订单量大，效率这么低吗？

：您好，实在是对不起，耽误您的时间了，我们感到很抱歉。由于近期订单量实在太大，仓库人员都在加班加点发货呢，我们都是按照先付款先发货的原则来发货的，实在忙不过来，请您理解。

：我怎么理解！难道我的时间就是免费的吗？

：实在不好意思，让您久等了。我马上联系一下仓库人员，看看您的订单还有多久能发货。为了表示我们的歉意，小店今天再给您赠送一份精美的小礼品，您看可以吗？

：我考虑一下，那大概什么时候能发货？

：您好，我刚刚和仓库人员沟通了，您的订单做了加急处理，我们会尽快给您安排发货的。

：行吧。

从上述对话中可以看出，该投诉是因为发货速度太慢引起的，售后客服人员首先了解了具体的投诉原因，并做出了解释，然后及时提出了解决方案，很好地化解了客户的不满，解决了难题。

5.5　售后管理评价

一般情况下，好评率越高的商品会有越多人购买；一旦出现了中差评，则可能会使很多客户放弃购买。因此，网店应不断优化自身的商品质量、服务等，虽然无法保证让每一位客户满意，但可以尽量避免或减少中差评。

↘ 5.5.1　好评处理

待客户给出好评后，售后客服人员应当在客户确认收货后进行回评。下面以在淘宝中对客户的好评进行回评为例进行介绍，具体操作步骤如下。

（1）登录千牛工作台，在主界面左侧的"交易"选项卡中单击"订单管理"栏下的"已卖出的宝贝"选项，如图5-14所示。

（2）打开"已卖出的宝贝"界面，在交易成功的订单中，小旗帜的下方如果显示"对方已评"字样，表示客户已经对此次购物经历进行了评价。单击"对方已评"超链接，在打开的评价管理界面中查看该笔订单的详细情况，然后单击 评价 按钮，如图5-15所示。

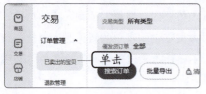

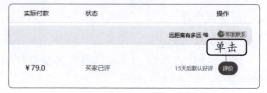

图5-14　单击"已卖出的宝贝"选项　　　图5-15　单击"评价"按钮

（3）在打开的"评价"对话框中对客户的好评进行回评。一般情况下选中"好评"单选项，然后在评价框中输入评价内容即可。评价内容可以是感谢客户购买，也可以对客户提出的问题进行回复等。这里选中"好评"单选项，然后输入图5-16所示的内容，最后单击 确认提交 按钮，提交回评内容。

（4）回评后，在"已卖出的宝贝"界面中，原来的"对方已评"将变为"双方互评"。单击"双方互评"超链接，可以在打开的"评价详情"界面中查看"双方互评"的内容，如图5-17所示。

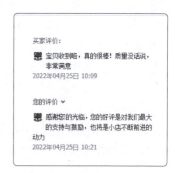

图5-16　输入回评内容　　　　　图5-17　"双方互评"的内容

↘ 5.5.2　中差评处理

在购物过程中，受商品质量、快递速度和客服人员态度等诸多方面的影响，中差评的出现是不可避免的。此时，售后客服人员就要积极回应客户的中差评，找准引发中差评的原因，然后通过电话、阿里旺旺等沟通方式尽最大可能让客户修改中差评。

1. 引发中差评的原因

网店出现了中差评后，售后客服人员应该理性对待，找出客户给予中差评的原因并解决问题。一般来说，客户给予中差评的原因主要有以下几种。

- **买卖双方误会**：买卖双方误会是引发中差评的普遍原因，其症结主要是买卖双方在交易过程中有言语上的误会，如表达不准确、交谈不愉快等。
- **对商品的期望过高**：很多客户收到商品后，觉得实物与想象中的差距太大，没有实现预想的效果，但又怕麻烦，不想与网店协商退换，于是给予网店中差评。
- **对商品、服务不满意**：客户对网店的商品、服务等不满意，或商品、服务等的质量存在问题时，客户就会给予中差评。
- **恶意竞争**：有些网店为了打击竞争对手，会故意对竞争对手卖得好的商品给出中差评。
- **职业差评师**：网上有一种专门以给网店差评为手段来索要钱财的人，这些人是职业差评师，他们为了牟取利益，列出一大堆不合理的问题，并给予网店差评。

2. 中差评对网店的影响

中差评对网店的影响非常大，特别是对于等级不高的网店（如2钻以下的网店），中差评可能会对其产生致命的打击。中差评对网店的影响主要包括以下4个方面。

- **严重影响转化率**：评价是客户挑选商品时的一大考虑因素，如果某个热销商品被给予中差评，将会严重影响客户的购买欲望，使本来打算购买该商品的客户放弃购买，导致商品转化率下降，进而直接引起商品销量的下降，给网店带来损失。
- **影响商品的自然搜索排名**：商品好评率的高低对商品的自然搜索排名有很大的影响，一般情况下，中差评越多，商品的自然搜索排名越靠后，网店在竞争中就会处于劣势。
- **影响参加活动**：电子商务平台中的很多活动（如淘宝中的聚划算和淘金币等）都对商品的好评率有一定的要求，好评率低于这个要求的商品是无法报名参加相应活动的。而参加活动是宣传推广网店和商品的重要途径，不仅可以引入大量的流量，提高网店商品的销量，还可对网店的形象等起到一定的宣传作用。若无法参加这些活动，网店的发展将受到限制。
- **资源浪费**：为了让客户看到自己的商品，网店要花大量成本吸引流量，如果因为商品的中差评而流失客户，网店将产生巨大损失。

因此，如果客户给出了中差评，售后客服人员一定要根据客户给出中差评的原因及时进行处理。

3. 请求客户修改中差评的技巧

如果客户对其购买的网店的商品给出了中差评，售后客服人员就需要联系客户，请求客户修改中差评。请求客户修改中差评主要可分为4个环节，包括确认环节、道歉环节、解决环节和收尾环节。

（1）确认环节

请求客户修改中差评的第一步是确认信息，售后客服人员首先需要确认客户的身份、商品信息和评价信息。同时，在向客户确认信息时，售后客服人员要进行自我介绍，避免被客户认为是发送骚扰信息的人。

- **确认身份**：在联系客户时，售后客服人员应当先确认对方是不是要联系的客户，再与客户对话，如"您好，请问您是××先生/××小姐吗"。
- **自我介绍**：确认客户身份后，售后客服人员还需要说明自己是谁。售后客服人员的自我介绍好不好，会直接影响客户的第一印象及接下来的谈话。自我介绍要简单且突出重点，如"您好，很抱歉打扰您，我是××网店的售后客服人员，我叫××"。
- **确认商品**：当双方都清楚对方的身份后，售后客服人员便可以逐步切入正题，向客户确认其是否购买了自己网店的某一款商品，简单明了地确认客户的购买信息，如"您好，我想了解一下，您是否于××月××日在我们××店购买过××品牌××颜色的××商品呢"。
- **确认评价**：售后客服人员得到了客户购买商品的肯定回复之后，就需要切入正题，直接说明来意，避免拖拖拉拉，让客户觉得烦躁，如"您好，我看到您给了我们一个×评，我想了解一下具体的情况是怎样的"。

（2）道歉环节

客户确认了售后客服人员的来意后，一般会讲明自己给出中差评的原因。不管是什么原因，售后客服人员一定要表示理解，并向客户道歉，语气一定要诚恳。

- **表示理解**：客户在抱怨的时候，售后客服人员要对客户所提出的问题表示理解，语速不要过快，并在客户说话时适度重复其所提出的问题，让客户认为自己不仅在认真倾听，还在认真地记录，如"我非常理解您的感受，我也觉得很愧疚、自责。站在您的角度上来讲，如果是我买的鞋子尺码不合适，我也会很生气的"。
- **致歉**：给客户道歉是售后客服人员必须要做的，不管售后客服人员觉得是谁的责任，在谈话过程中都要尽量让自己的语气听起来友好，如"给您在购物过程中带来不便真的十分抱歉，我代表网店全体工作人员向您致以最真诚的歉意"。

（3）解决环节

在这个环节，售后客服人员要帮助客户分析，并告知客户造成这种情况的主要原因。售后客服人员可以结合客户给予中差评的原因进行分析，并采取有针对性的解决办法，但依然少不了表达歉意。售后客服人员可以参考以下话术。

案例演示：

（💬）：不管怎么说，我觉得都是我们这边没有做好。网上买东西本来就是买个开心，这次让您不开心了，我真诚地向您道歉！真的挺对不起您的。

（💬）：很感谢您的信任，在我们这儿下单购物，但商品没能让您满意，我们深表歉意！我们是支持7天无理由退换货的，无论是质量问题，还是款式问题，我们均承担来回运费，帮您退换。您好，您看您是需要退货还是换货呢？还有就是如果您觉得我的服务还不错，请您帮忙把评价的等级提升一下可以吗？

：感谢您的支持和信任，谢谢您在我们店下单购物，再次因快递延误向您表示歉意。每实现一笔交易，我们都迫切希望能将商品立马送到客户跟前，只是理想和现实总有那么一点差距，没能让您满意我们十分抱歉。我们给您送一个小礼物，聊表歉意，也希望您能体谅。

当客户同意修改中差评后，售后客服人员需要指导客户进行修改。一是让客户感受到一对一的贴心服务，二是让客户立即修改评价，否则稍不留意客户就会忘记。

- **方便**：那我这边直接指导您怎么修改，很简单的，只要一分钟就好了。
- **不方便**：请问您几点钟方便呢？方便加您微信吗？我可以直接把修改的流程发给您。或者××点左右我给您再来个电话，直接指导一下您，这样您操作起来就更容易了。

（4）收尾环节

无论客户是否答应修改中差评，售后客服人员都要表示感谢，并再次对客户表示歉意，如"真的很感谢您对我们工作的支持，打扰您了！我们一定会把工作做得更好"。

知识补充

把解释变为宣传机会

在面对执意不更改差评的客户，尤其是恶意差评师和同行恶性竞争者时，售后客服人员只能通过对差评进行回复来解释、证明自己的清白，这也是宣传网店的机会。比如，售后客服人员可以这样回评："您好！首先感谢您的评价，咱们这款耳机采用双麦克风通话降噪，动态削减环境噪声。咱们的商品享受正规"三包"服务，如果使用中遇到任何问题，欢迎您随时联系我们的在线售后客服人员哦。感谢您对我们网店的支持和理解，愿我的祝福化作蝴蝶，给您带来幸福"。

实训演练

↘ 实训1：处理因商品质量问题引起的纠纷

【实训背景】

小丽是某手机品牌网店的售后客服人员，她今天遇到一位非常难缠的客户，客户还表示要投诉网店。图5-18所示为她与客户的聊天记录。

【实训要求】

两人为一组进行角色扮演（分别扮演小丽和客户），首先讨论并诊断小丽在聊天过程中所犯的错误，然后提出解决方案。

【实训目标】

（1）了解售后服务的重要性。

（2）能熟练处理因商品质量问题引起的纠纷，让客户满意。

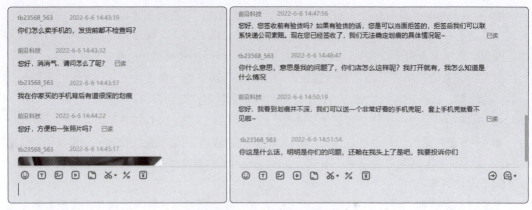

图5-18　小丽与客户的聊天记录

【实训步骤】

（1）诊断小丽的错误。小丽在接待过程中，不仅没有消除客户的不满，反而让客户产生了投诉网店的想法，一旦投诉成立，会为网店带来重大的负面影响。总体来说，小丽在与客户交流的过程中犯了两个错误：一是面对客户提出的问题没有及时致歉，并且语气不够友好，显得比较冷淡生硬；二是没有为客户的问题提出好的解决方案。

（2）提出解决方案。小丽收到客户的反馈时，首先应该向客户致歉，并感谢客户选择本网店，然后和快递公司联系查明情况；然后询问客户希望得到什么解决方案，尽量满足客户。参考对话示例如下所示。

 你们怎么卖手机的，发货前都不检查的吗？

您好，欢迎光临本店。本店售后客服人员小丽竭诚为您服务。我们的商品在发货前都是经过严格检查的，请问您遇到了什么问题呢？

 我在你家买的手机背后有道很深的划痕。

亲，请问您方便拍一张照片吗？另外请问您签收前验货没有呢？

 （此处省略图片）快递直接给我放快递柜了，我在上班没有验货。

您的情况我大概知道了呢，对于您的这种情况我们非常抱歉！严格按照规定来说，如果签收时发现手机有问题是可以拒收的，我们会联系快递公司索赔。鉴于您的这种特殊情况，我看到您手机上的划痕并不影响使用，我可以给您申请100元的赔偿，您看可以吗？如果您想要退换货也是可以的呢。

 行吧，我考虑考虑。

实训2：处理强制退换不可退换商品而引起的纠纷

【实训背景】

张某是某泳衣品牌网店的售后客服人员，她今天遇到一位要求退货的客户，以下所示为她与客户的聊天记录。

在吗，我收到了泳衣，穿起来一点都不舒服，我想退了！

您好，欢迎光临本店。遇到这样的情况我感到非常抱歉，请问泳衣您已经洗过、穿过了吗？

肯定要洗了、穿了才知道舒不舒服啊！

您好，实在抱歉呢，由于您购买的泳衣已经洗过、穿过了，会影响二次销售；并且泳衣属于贴身衣物，是不支持退换的呢。

不能退？你们不是7天无理由退换货的吗？现在就有理由了？我要投诉！

【实训要求】

分析上述情况中客户是否可以退货，并给出能减少这种情况发生的方法，针对已经出现的纠纷提出解决方案。

【实训目标】

（1）了解不可退换商品都有什么。

（2）能熟练处理客户强制退换不可退换商品而引起的纠纷。

【实训步骤】

（1）分析客户是否可以退货。根据电子商务平台的相关规定，客户定制的、鲜活易腐的商品，以及泳衣等贴身衣物是不支持七天无理由退换货的。另外，客户退货的商品应当完好，不影响二次销售。案例中的客户已经洗过、穿过泳衣，是不能退货的。

（2）提出减少这种情况发生的方法。第一，在网店的商品详情页中说明不可以退换货的情况；第二，网店应该要求售前客服人员在客户下单时向客户进行必要的解释。

（3）提出解决方案。售后客服人员首先应当向客户表示诚挚的歉意，以泳衣的私密性为切入点向客户解释不能退换货的原因，然后以客户的健康作为考虑的因素，进而说服客户，必要时还可以申请给客户一些补偿或者赠送一些礼品。例如，"您好，真的非常抱歉，贴身衣物是不允许退换货的。泳衣是贴身穿的，关系到您的健康，所以我们也得坚持原则，为广大客户的健康着想，也请您理解我们的难处😭。我这边送您一个游泳圈可以吗？"

案例分析——小小螺丝钉，温暖客户的心

一年前，一名姓张的女士在某网店为她的奶奶购买了一款电动轮椅。前段时间，轮椅上

的一颗螺丝钉掉了，为了应急，她暂时使用透明胶带缠住了轮椅。但是透明胶带的固定效果不好，轮椅在凹凸不平的地面上使用时会严重晃动，既不安全又影响使用。

因为轮椅早已超出质保期，在茫然无措中，张女士抱着试试看的心态联系了该网店，希望得到帮助。网店售后客服人员王某某从张女士焦虑和期待的语气中解读出电动轮椅对于他们的重要意义。王某某积极承诺会解决，其先让张女士发送了缺少零件部位的照片，并提出会在24小时内将解决结果告知她。

随后，王某某第一时间根据张女士提供的信息找到了网店的同类型轮椅，她发现同类型轮椅在半年前已经升级，螺丝钉也进行了更换。然后，她又去联系了有同型号轮椅在售的网店，遗憾的是和其他网店沟通后，她被告知并无相关的螺丝钉可补发。一连串的坏消息并未打击到王某某，她又详细翻阅了该轮椅关于这颗螺丝钉的所有规格参数，开始寻找直径和长度匹配的螺丝钉。但经过重重筛选，她仍然发现没有尺寸完全匹配的螺丝钉，要么是长度不合适，要么是直径不合适。

下班后，她又马不停蹄地询问同事，和同事讨论后，她想到可以选择直径合适、但长度稍长一点的螺丝钉。经过漫长的搜索后，她终于找到了直径合适且只比原有螺丝钉长4毫米的螺丝钉！王某某立马将这个好消息告诉了张女士，并及时将螺丝钉发给了张女士。张女士收到螺丝钉并且安装成功后，马上向王某某表达了谢意。这次发生的事情让张女士对该网店的服务印象深刻，她不仅向身边的家人、朋友讲述了这次暖心的事件，更是在朋友圈、微博等大力夸赞了该网店和王某某。

点评：网店售后服务的目的是尽力满足客户的各项需求，让客户满意。尽管轮椅已经过了质保期，王某某仍然选择尽全力为客户解决问题，其恪尽职守、爱岗敬业的积极态度值得每个售后客服人员学习。为客户排忧解难是售后客服人员义不容辞的使命，让服务有温度更是售后客服人员的追求。

课后练习

1. 选择题

（1）[单选]售后服务的重要性不包括（　　）。

    A. 提高客户的满意度　　　　　　　　B. 提高客户的二次购买率

    C. 减少网店的负面评价　　　　　　　　D. 保持网店的盈利水平

（2）[单选]下列有关退换货的说法中，错误的是（　　）。

    A. 如果售后客服人员遇到发错货导致的换货问题，可先查明原因，确定符合换货条件则应立即给客户换货

    B. 只要客户提出换货，售后客服人员都应当满足

    C. 当售后客服人员遇到要求退货的客户时，应及时为客户解决问题，并尽量引导客户取消退货

D. 客户所购商品出现了质量问题，要求退货。售后客服人员在处理时，最好先让客户提供证据

（3）[多选]客户与网店产生纠纷的原因主要有（　　　）。

A. 商品质量问题　　　　　　　　B. 商品价格问题

C. 快递问题　　　　　　　　　　D. 货源问题

2. 填空题

（1）因商品质量引起的纠纷统称为_____，并分为外观质量、使用质量和_____3个方面。

（2）售后客服人员在处理与客户之间的纠纷时，应坚持_____、有节、有情的原则，并按照倾听、_____、解决、记录、_____的流程进行处理。

（3）货不对板纠纷主要分为商品与描述不符、_____和_____3种情况。

3. 判断题

（1）纠纷退款率不仅会影响网店的权重，而且会影响网店的搜索排名。（　　　）

（2）纠纷是指客户就网店的商品或服务与网店经营者产生争议，导致消费权益受损，采取的请求电子商务平台等保护自己的消费权益的行为。（　　　）

（3）客户定制的商品原则上不支持7天无理由退换货。（　　　）

4. 简答题

（1）简述售后服务的重要性。

（2）售后客服人员遇到客户纠纷时应当按照怎样的流程进行处理？

（3）如果纠纷的原因是商品有破损，售后客服人员应当如何处理？

5. 实践题

以下所示为售后客服人员处理退换货的聊天场景，阅读对话后回答相关问题。

> 在吗？饼干我收到了，我拆开吃了，但吃不惯，想退了。

> 您好，在的呢。请问您吃起来是觉得有什么问题吗？我们在发货时提供了试吃品，试吃品您可以留下的，除试吃品外的包装有拆吗？

> 其他的我也拆开看了看。

> 您好，实在抱歉呢，咱们的商品属于食品类，详情页中也说明了拆包后会影响二次销售，是不能退货的呢。

> 你们不是7天无理由退换货的吗？其他的我拆开了又没吃，为什么不能退？

（1）针对案例中的饼干，售后客服人员可以给客户退货吗？

（2）假如你是这名售后客服人员，你会如何处理？

06

第6章
建立长期合作——用心
经营客户关系

引导案例

"南北银饰"淘宝网店经过3年的苦心经营,已经成为"三皇冠"网店。随着口碑、商品及服务质量的不断提升,网店的订单量一路攀升,但随之出现了新的问题——客户维护和管理工作激增。于是,店长张某通过淘宝的"用户中心"对客户进行了分析和管理,包括设置贵宾(Very Important Person,VIP)、提升客户忠诚度等。自从系统地对客户进行分析和管理后,网店的业绩提升了一个档次。

同时,网店的客服主管丽丽搭建了客户互动平台,通过微信群进行新老客户的维护。此外,丽丽不定时地在微信公众号中发布网店的最新动态和优惠信息,提高了客户对网店的关注度。丽丽还为在网店中购买过商品的客户提供了许多关怀服务,如在客户生日当天发送生日优惠券、在节日向客户发送祝福信息等,既表达了对客户的关怀,又刺激了客户消费。

客户是网店的珍贵资源,有了源源不断的客户,网店才会发展得越来越好。因此,网店客服人员除了要掌握与客户沟通的方法和基本的商品知识,还要做好客户的维护和管理工作。

学习目标

* 了解维护客户关系的基本原则,学会筛选与管理客户。
* 学会使用阿里旺旺群、微信群、微信公众平台等与客户互动。
* 能够使用短信、电话等工具做好客户关怀工作。

素养目标

* 坚持"客户为先"的服务精神,尽全力解决客户的问题。
* 树立一切为客户服务的意识,维护与客户的良好关系。

6.1 维护客户关系的基本认知

客户是网店发展必备的重要资源，维护客户关系是网店客服人员的重要工作内容。网店客服人员要切实落实"以客户为中心"的理念，维护已经建立的客户关系。

↘ 6.1.1 维护客户关系的重要性

维护客户关系对于网店的发展有着十分重要的意义，具体包括有效节约成本、增强网店的竞争优势、获取更多的客户份额以及有利于发展新客户等。

- **有效节约成本**：网店若想被广泛知晓，必要的推广是不可少的，但这些推广大多是付费的，如果网店的立足点是维护客户关系，那以维护客户关系为主，以适当推广为辅，网店的成本就会大大减少。
- **增强网店的竞争优势**：客户是网店创造收益的主体，所以在客户资源方面具有优势就能增强网店的竞争优势。
- **获取更多的客户份额**：客户份额是指一家网店的商品或者服务在一个客户的该类消费中所占的比重，如客户购买的10件衣服里面有6件来自同一家网店，那么这家网店就获取了这位客户极高的份额，客户份额越大，表示客户对网店的依赖越强。
- **有利于发展新客户**：相较于网店，新客户更愿意相信有购买经历的老客户，维护好客户关系，老客户自然会成为网店的宣传者，从而为网店带来更多新客户。

↘ 6.1.2 学会主动服务

网店客服人员工作时不要采用你问我答的被动形式，一定要做到主动出击，及时、准确地向客户传达有效信息。

1. 新商品信息的及时传达

在主动宣传网店即将推出的新商品（以下简称"上新"）之前，网店客服人员可以预热，让客户提前知道上新的时间，向客户透露少量上新图片，从而让客户对网店的上新充满期待，如图6-1所示。

网店上新之后，网店客服人员需要在第一时间通过千牛工作台、短信或邮件等方式将上新信息传递给客户。在传递上新信息时，网店客服人员要让信息具有足够大的吸引力，让客户产生购买欲望。这时网店客服人员要合理运用前面介绍的客户消费心理的相关知识，以商品的价格、新颖度和便捷性等特征

图6-1 上新预告

为卖点，吸引客户。

2. 对活动信息的有效解读

网店客服人员除了要了解网店商品信息外，还需要实时掌握网店开展促销活动的形式与时间，并及时向客户发送活动信息。

- 打折：打折是网店活动中常见的优惠形式，图6-2所示为某网店发布的打折活动。网店客服人员需要清楚打折的范围，即是全场打折还是部分商品打折、折扣力度是否相同等。另外，网店客服人员还要清楚打折活动的具体时间。
- 买就送：买就送活动也是网店为了吸引客户而经常采用的活动形式，如图6-3所示。网店客服人员首先要弄清楚这类活动的力度，即买多少送多少、送什么；其次要弄清楚活动的范围，是全店所有商品均参与活动，还是只有指定的商品参与活动；最后要弄清楚活动的开展时间。

图6-2　某网店发布的打折活动

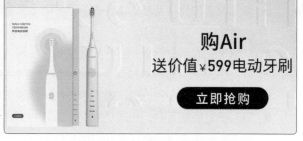

图6-3　某网店发布的买就送活动

- 聚划算：聚划算是网店为了提高商品的销量而参加的团购商品的活动，如图6-4所示。在这样的团购活动中，网店客服人员需要重点了解两点：活动的时效性和商品数量的限制。聚划算活动的持续时间不会太长，一般为2～5天，客户在购买商品的数量上也会受到一定的限制，网店客服人员要清楚商品允许购买的最大数量是多少。

图6-4　聚划算

- 优惠券：为了提高商品的销量，许多网店会推出优惠券抵扣活动，如图6-5所示。网店客服人员需要重点掌握优惠券的使用限制，如需买满500元等，并且要事先向客户说明。

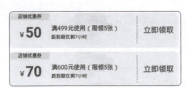

图6-5 优惠券

6.1.3 永远不要报复、骚扰客户

网店客服人员在服务的过程中，难免会遇到一些难缠的客户。当受到无理的挑衅时，网店客服人员一定要明白自己是在工作，万万不可产生报复心理。另外，网店客服人员在为客户提供服务时，还要谨记不要把服务做成骚扰。

1. 不要有报复心理

一些网店客服人员在受了委屈之后，觉得无处发泄，于是在网上滥发客户信息，泄露客户的隐私；或者私下里给客户打骚扰电话，辱骂客户、扰乱其正常作息，甚至采取恶作剧行为。这些都是违法违规的，不仅会让客户与网店客服人员间的关系变得更糟，还会让网店被扣分、罚款等。

2. 不要把服务做成骚扰

网店客服人员在维护客户关系的过程中，少不了与客户互动交流。但是次数过多的信息发送及多途径的信息发送，不仅不能增强客户查看信息的欲望，反而会让客户感到厌烦，甚至将网店屏蔽或加入黑名单。网店客服人员在维护客户关系的过程中，发送一次信息便可，发送时也只需要选择方便客户接收的一种途径。另外，信息的发送要注意时间，最好是在10:00—15:00。

6.2 筛选与管理客户

客户是网店重要的无形资产，也是网店利润的源泉。筛选和管理客户也是网店客服人员的重要工作之一。网店客服人员可以通过划分客户等级、设置VIP、提升客户忠诚度及回访老客户等方式来实现对客户的有效管理和筛选。

6.2.1 划分客户等级

客户等级主要依据可量化的客户价值和不可量化的客户价值划分。可量化的客户价值取决于客户在网店内的消费情况，不可量化的客户价值主要包括宣传与传播网店的能力等。下面主要介绍依据可量化的客户价值进行的客户等级划分，一般来说网店对这类客户的等级划分如下。

- 沉睡客户：即在网店至少有过一次购买经历，但由于某些问题不愿意再光顾网店或选择暂时性沉睡的客户。

- **潜在客户**：这类客户访问过网店、收藏过商品或咨询过网店客服人员，但还没有产生实质性的购买行为。
- **新客户**：即第一次在网店消费的客户。
- **老客户**：即在网店中有过多次购买经历的客户。
- **大客户**：这类客户购买的次数不算太多，但每次的购买数量和消费金额都是巨大的。
- **忠诚客户**：这类客户很清楚网店的上新时间、商品性能，与网店客服人员熟稔。

划分好客户等级后，网店客服人员就要对不同等级的客户做不同程度的客户维护，使得客户维护工作更具有针对性、效果更加明显。例如，针对沉睡客户，网店客服人员可以通过发送优惠券等方法唤起他们对网店的记忆，争取再次赢得他们的信任；针对潜在客户，网店客服人员要激发其购物兴趣；针对新客户，网店客服人员要让其熟悉网店和商品，通过给予一定的优惠促成第二次、第三次购买；针对老客户，网店客服人员要巩固他们对网店的信任，及时让他们知晓网店动态；针对大客户，网店客服人员要深度了解他们的需求，改变服务方式；针对忠诚客户，网店客服人员要用心维护与他们的关系，倾注更多的私人情感。

↘ 6.2.2　设置VIP

VIP即网店的重要客户，这类客户将会给网店带来持续性的收益。一般来说，网店为了回馈和维护这类客户，就会给其提供一定的优惠，通过让利使其购买更多的商品。

1. 设置VIP时应遵循的原则

网店客服人员可以采用RFM模式来设置VIP。RFM模式是衡量客户价值和客户创利能力的重要工具和手段，主要由以下3个指标组成。

- **R（Recency）**：指客户最近一次购买距离上一次购买的时间，时间越短，客户具有的创利能力就越强。
- **F（Frequency）**：指客户在最近一段时间内购买商品的次数，购买次数越多，客户对于网店的发展越有推动力。
- **M（Monetary）**：指客户在最近一段时间内购买商品所花费的金额，一般来说，网店80%的利润来自于20%的客户，消费金额越高的客户越值得网店客服人员维护。

了解了这3个指标的含义后，网店客服人员需要找准客户关于这3个指标的数据，然后将这些数据分别进行横向对比，再将这3个指标与网店的均值进行对比，依照结果将客户分为8类，最后根据这8类客户来设定会员等级，如表6-1所示。

表6-1　会员等级设定

Recency（最后一次消费）	Frequency（消费频率）	Monetary（消费金额）	客户类型	会员等级
上升趋势	上升趋势	上升趋势	重要优质客户	至尊VIP会员
上升趋势	下降趋势	上升趋势	重要发展客户	

续表

Recency （最后一次消费）	Frequency （消费频率）	Monetary （消费金额）	客户类型	会员等级
下降趋势	上升趋势	上升趋势	重要保持客户	VIP 会员
下降趋势	下降趋势	上升趋势	重要挽留客户	
上升趋势	上升趋势	下降趋势	一般价值客户	高级会员
上升趋势	下降趋势	下降趋势	一般发展客户	
下降趋势	上升趋势	下降趋势	一般保持客户	普通会员
下降趋势	下降趋势	下降趋势	一般挽留客户	

2. 设置会员等级

淘宝的用户中心提供了设置会员等级的功能，网店客服人员可开通会员运营功能，然后根据客户的消费情况、消费次数、客单价等数据为其设置不同的会员等级，还可为不同会员等级的客户设置不同的折扣。同时，网店客服人员可在客户信息面板中设置客户的会员状态等。

用户中心会员管理系统将客户分为普通会员、高级会员、VIP会员、至尊VIP会员4个等级，普通会员想要升级为高级会员、VIP会员和至尊VIP会员，要分别满足指定的消费条件。网店客服人员可以通过忠诚度管理界面进入会员体系设置界面，设置不同级别会员的交易额、交易次数、折扣等，如图6-6所示。

图6-6　会员体系设置界面

↘ 6.2.3　提升客户忠诚度

建立起客户对网店的忠诚是一个长期的积累过程，在这个过程中，客户会受到很多因素的影响。网店客服人员可以从以下因素出发，提升客户的忠诚度。

- **客户满意度**：一般来说，客户通常只会在拥有一次满意的购物经历后才有可能复购，进而一步步建立起对网店的忠诚，因此，网店客服人员一定要在客户的购物过程中让客户满意。

- **客户信任**：在交易行为中，信任支撑着"可以通过与该网店交易得到积极成果"的念头，促使客户做出交易决定。对于网店而言，客户信任有3个支持性的部分：网店提供商品或服务的能力，服务的可靠、及时和连续，以及网店信誉。只有这3个方面同时得到客户的认可，才能让客户对网店产生信任。

- **客户情感**：网店与客户一旦有了深厚的情感联系，就会深化两者之间的关系，客户还将成为网店的粉丝，甚至在网店出现负面评价时，为网店进行理性辩护，以扭转他人的认知。因此，网店客服人员在与客户交流的过程中，不要刻意营销，而要用心维护与客户之间的关系，倾注更多的情感，将客户真正当成自己的朋友。

- **客户归属感**：客户认同网店的商品、服务，并感受到自己被重视、关怀、尊重、理解后，就会在不知不觉中建立起一种归属感。网店客服人员在服务的过程中，可以提供超出客户一般需求以外的服务，如通过关怀客户和提供特权体验来增强客户的归属感。

- **客户因忠诚获得的收益**：从关系中获利本身也是客户参与商品交易的主要动机，一般来说，与网店保持关系越久、关系越密切的客户，越希望得到一些特殊照顾和优惠。因此，网店客服人员要让忠诚的老客户得到实实在在的回报，如开展针对老客户的回馈活动、实施客户忠诚计划等。

- **客户转移成本**：客户转移成本是客户更换商品或服务的提供者所需付出的各种代价的总和，包括货币成本（即客户在购买商品或服务过程中的货币耗费）、时间成本（客户在购买商品或服务过程中的时间耗费）和体力成本（客户在购买商品或服务过程中的体力耗费）等。转移成本越大，客户越难下定决心更换网店，因此转移成本的增加有利于建立和维系客户忠诚。例如，会员积分就能够加大转移成本，因为客户一旦离开，现有的积分就失去了意义。

 知识补充

特权体验

特权体验主要是指让客户享受到一种专项服务。专项服务也叫独享服务，是指网店客服人员所提供的服务、网店所提供的优惠权限不针对所有客户，只针对极小部分的客户。这会让该类客户在身份、地位上有"优越感"。网店可以通过专享折扣和客服的一对一服务等让客户真正感受到自己的独一无二。例如，网店中大部分客户享受8.8折的优惠，而小部分客户享受的是6.8折的优惠，这样的专属优惠会在一定程度上留住客户。

↘ 6.2.4　回访老客户

老客户营销一直是网店热衷采用的营销方式，要想让老客户二次或多次成交，需要网店客服人员做好老客户回访工作。总体来说，在回访老客户时，网店客服人员应当注意以下几点。

- **做好准备工作：** 网店客服人员在与客户沟通前，应当充分了解客户的基本资料，熟悉服务项目（如老客户专项服务）的特点，如果不能很好地介绍服务项目、服务特色，那么网店客服人员很难立刻在客户心里建立良好的形象。
- **注意回访礼仪：** 网店客服人员在与客户沟通时一定要彬彬有礼、热情大方、不卑不亢，如果是电话沟通，语速应尽量放慢，语气要亲切且温和，让谈话氛围逐渐变得轻松。另外，要多听少说，并及时、热情地回应，让客户感觉到网店客服人员正在用心倾听。
- **及时做好记录：** 网店客服人员一定要及时记录回访内容，并加以总结。如果回访时遇到无法解答的疑问，回访结束后网店客服人员可以和同事或领导一起讨论解决，并制订一个详细的解决方案。
- **了解客户近期有无需求：** 针对老客户，及时跟进是非常重要的，基于前期的合作，客户已经与网店建立了良好的合作关系，如果及时跟进，客户就很容易记住网店，再有需求时会在第一时间想到该网店。
- **注意回访时间：** 回访老客户时，回访时间的选择很重要。一般来说，周一到周五的白天，大部分的客户都在上班，此时回访成功的概率比较低，而周末回访成功的概率会高很多。但最好不要在上午回访，应尽量选择在下午回访，客户配合的积极性会相对高一些。如果是节假日，最好不要进行回访。

6.3 搭建客户互动平台

在维护客户关系的过程中，网店客服人员要想随时随地为客户服务，就需要创造条件——搭建客户互动平台。网店客服人员常用的客户互动平台包括阿里旺旺群、微信群和微信公众平台等。

↘ 6.3.1 建立阿里旺旺群

阿里旺旺群是网店客服人员常用的客户互动平台。通过阿里旺旺群，网店客服人员可将网店的客户集中在一起，并在群内讲解商品、介绍网店活动，让客户及时获取信息，吸引客户购买商品。一方面，网店客服人员可以在群中发布上新、优惠等信息；另一方面，客户也可以在群内与其他客户分享商品的使用情况。下面我们将在千牛工作台中创建"希希家的帆布包"阿里旺旺群，具体操作步骤如下。

微课视频——建立阿里旺旺群

（1）登录千牛工作台，进入"接待中心"界面，单击"我的群"按钮 🧑，在"我管理的群"栏中单击"创建群"按钮 +，如图6-7所示。

（2）打开"创建群"对话框，其中提供了创建淘宝群和创建普通群两个选项。这里单击"创建普通群"对应的 开始创建 按钮，如图6-8所示。

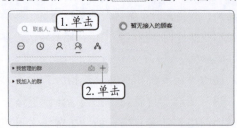

图6-7　单击"创建群"按钮　　　　　　　　图6-8　单击"开始创建"按钮

（3）打开"创建普通群"对话框，在"群名称"文本框中输入"希希家的帆布包"，在"群介绍"文本框中输入"结实耐用又百搭的帆布包"，如图6-9所示，然后单击 创建 按钮。

（4）创建完成，在该群的聊天界面中单击右上角的"群设置"按钮 。打开"群设置"对话框，单击"群成员"选项卡，单击右下角的 添加群成员 按钮，如图6-10所示，为创建的群添加成员。

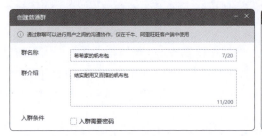

图6-9　设置群信息　　　　　　　　　　图6-10　添加群成员

（5）打开"添加群成员"对话框，在其中选择要邀请的客户后，单击 确定 按钮。

（6）在弹出的提示对话框中单击 确定 按钮，完成后可在群里发送信息。

↘ 6.3.2　建立老客户微信群

微信群同样可以用来维护客户关系，能将客户聚集在一起，随时进行想法沟通、信息分享和感情交流。对于网店客服人员而言，若能掌握客户需求，将情况类似、爱好和特点相近的客户通过微信群整合起来，在客户关系维护上往往能达到事半功倍的效果。无论是PC端还是移动端，只要和客户建立了好友关系，网店客服人员都可以创建并管理微信群。下面以PC端为例介绍创建微信群的方法，具体操作步骤如下。

微课视频——建立老客户微信群

（1）登录PC端微信，进入"聊天"界面，然后单击界面左上方的"发起群聊"按钮 ，在打开的对话框中勾选需要添加的联系人，完成后单击 确定 按钮，如图6-11所示。

（2）创建完成，此时微信群没有名称，仅显示群聊和群成员的微信昵称。

（3）单击"群聊"界面右上角的"聊天信息"按钮…，右侧面板中将显示微信群的详细信息，如图6-12所示。

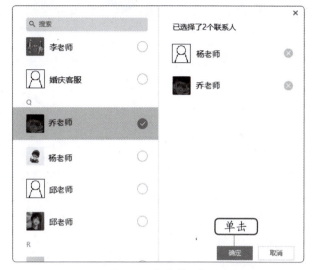

图6-11　勾选联系人

图6-12　微信群的详细信息

（4）在"群聊名称"栏下输入微信群的名称，此处输入"希希家的帆布包"。一般来说，微信群名称最好与网店或商品相关，便于客户区分和记忆。

（5）在"群公告"栏下输入微信群的公告，输入完毕后单击 按钮，群公告则会自动以群消息的形式通知全部群成员。一般来说，群公告可以有效管理微信群，确保微信群的良性发展，其内容可以是群规或群介绍，也可以是某段时间商品上新的相关消息。

（6）邀请更多客户进入群聊。单击"群聊"界面右上角的"聊天信息"按钮…，单击右侧面板中的"添加"按钮 ，在打开的对话框中勾选需要添加的联系人，单击 按钮即可。

↘ 6.3.3　使用微信公众平台

微信公众平台是微信上的功能模块，个人和企业都可以在这个平台上创建、运营微信公众号，网店客服人员可以通过微信公众平台，使用文字、图片及语音等与客户进行全方位沟通和互动。

相较于传统广告，微信公众平台使得客户能够通过更便捷的方式来获得网店商品的最新信息，在一定程度上改善了客户的购物体验。除此之外，使用微信公众平台推送广告，还有着许多传统广告形式所不具备的独到优势。

图6-13所示为不同的微信公众号类型，网店客服人员在微信公众平台上注册好微信公众号后，即可将商品图片、活动主题及活动内容等发布到微信公众号上，推送给关注微信公众号的客户。发布内容后，网店客服人员可能会收到部分客户的回复，此时需要多与客户互动，对客户的问题进行选择性回复，维护好客户关系。

图6-13　不同的微信公众号类型

　　微信公众号推广的内容一般采用图文结合的形式，文字要求排版整齐，图片要求精致美观，标题要新颖、有创意，且内容要具有可读性，这样才能吸引客户阅读。比如，网店客服人员可以以趣味软文的形式做推广，或结合当前流行元素引出话题，引起客户的兴趣，拉近与客户的距离等。同时，网店客服人员也可在微信公众号上设置自定义菜单，如设置"购买商品""我的服务""活动推荐"等，并可以设置相关的子菜单，为客户提供相关服务。

6.4　做好客户关怀

　　忠诚客户是网店参与市场竞争的有力武器。网店只有不断地给客户提供优质的商品、舒适的服务，提高客户的满意度和忠诚度，才能达到与客户双赢的结果。网店客服人员做好客户关怀，就可以提高客户的满意度和忠诚度。这样客户回购时，会因为信赖网店的商品及服务，更加愿意尝试高价商品。一般来说，忠诚客户对价格的波动不太敏感，相反，流动客户往往更关注商品的价格。

↘ 6.4.1　常用的关怀工具

　　目前，常用的关怀工具有短信、电话、千牛工作台、微信和邮件等。

● **短信关怀**：短信是常见的关怀工具，它覆盖面广、收费低，而且能群发，缺点是字数有限且容易被忽略。如果网店客服人员采取这种方式，应注意短信的发送时间和内容，发送时要避开客户忙碌的时间段，同时短信内容不宜太死板，如"我是××网店，店铺商品现在全场6折"等。

● **电话关怀**：电话是实时性强、沟通效果好的关怀工具，能够让客户记忆深刻，缺点是成本高、对网店客服人员的沟通能力要求较高、骚扰度高且效率低。打电话不宜过早或过晚，不适用于推送促销信息，而适用于询问客户对商品的使用感受。如果有客户明确表示不愿意接到类似的电话，那么网店客服人员应及时致歉并在客户标签中备注留档。

● **千牛工作台关怀**：千牛工作台是便捷的关怀工具，其优点是使用免费、可使用表情、可群发且不限制字数，缺点是客户不在线时就无法与其进行及时沟通。

- **微信关怀**：微信即时性强、免费，且支持群发，是一个非常实用的客户关怀工具，并且微信不仅支持发文字、图片和表情，还支持语音、视频通话，缺点是需要先添加客户的微信号。微信号比较私密，部分客户可能不愿意添加网店客服人员为微信好友。
- **邮件关怀**：邮件的优点是既支持群发，又支持发送精美的图文，缺点是网店的关怀邮件容易被当作垃圾邮件，且时效性较差。

↘ 6.4.2　具体的关怀方式

网店客服人员关怀客户的方式十分多样，常见的有售后关怀、情感关怀、节日关怀和促销推送等。

- **售后关怀**：售后关怀能够让客户清楚地知道自己所购买商品的物流情况，从而优化客户的购物体验，提高客户的满意度。需要注意的是，除了发货关怀、同城关怀及签收关怀3种常见的售后关怀形式外，还有一种容易被忽视的售后关怀形式，即使用关怀。网店客服人员应在客户收到商品后的一周左右，主动询问客户使用商品的感受，听取客户的意见，如图6-14所示。这样不但能够让客户认为网店注重客户体验，还能了解客户的真实想法，从而改进商品和服务。

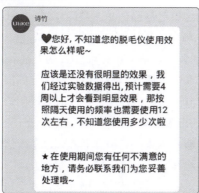

图6-14　使用关怀

- **情感关怀**：提高客户的忠诚度与满意度，除了资金投入外，还离不开感情投资，很多时候客户更喜欢有感情、重细节的关怀方式，而不是快捷短语或自动回复。比如，在客户生日等重要日子，网店客服人员可以发送短信祝福，对于重要客户甚至可以为其邮寄一份礼物。
- **节日关怀**：在节日来临前，网店客服人员可以通过短信或千牛工作台关怀客户，并适当地推送促销信息，也会取得不错的效果。
- **促销推送**：网店在发布新品、进行日常促销时，通常会提前给客户发放优惠券，这时网店客服人员应及时告知客户活动信息，包括活动时间、参与条件及活动方式等。但此类信息的推送不宜过于频繁，语言也不要太直白，否则会引起客户的反感。

实训演练——与老客户互动

【实训背景】

赵某是某服装品牌网店的客服人员，临近中秋节，为了维护与客户的关系，店长让他导出在网店购买过商品的老客户的相关信息，然后通过电话邀请老客户添加微信好友，再创建微信群并邀请老客户入群，最后在群中发布节日关怀和商品上新信息。

【实训要求】

5人为一组进行角色扮演（分别扮演赵某和客户），首先在千牛工作台中导出老客户信息，然后通过电话邀请老客户添加自己为微信好友，再创建微信群并邀请老客户入群，最后在群中进行节日关怀，并发布一则有吸引力的运动背包上新信息。

【实训目标】

（1）了解回访老客户的相关知识。

（2）掌握建立老客户微信群的方法。

（3）掌握客户关怀的相关知识。

【实训步骤】

（1）导出客户信息。在千牛工作台中单击"工作台"按钮▦，在打开的界面中单击"交易"选项卡，进入"已卖出的宝贝"界面。单击界面中的 批量导出 按钮，然后在打开的提示框中单击 生成报表 按钮。在打开的提示框中确认操作，进入"批量导出"界面，后台将生成订单，单击 下载订单报表 按钮。待下载完毕后，网店客服人员即可在Excel表格中查看客户的详细信息。

（2）与客户打电话。在电话中邀请客户添加自己为微信好友，注意打电话的时间不要过早或过晚。假如客户不愿意添加自己为微信好友，可以向其说明添加微信好友的好处，如不定时发送无门槛优惠券或给予老客户专属价等。

（3）创建微信群并邀请老客户入群。打开微信App，在微信主界面的右上角点击⊕按钮，在打开的下拉列表中选择"发起群聊"选项。打开"发起群聊"界面，在该界面中选择要邀请的老客户，然后点击 完成(27) 按钮，如图6-15所示。微信群创建完毕，进入微信群聊天界面，点击界面右上角的···按钮，在打开的"聊天信息"界面中点击"群聊名称"选项，修改群名称为"A50服饰俱乐部"。

（4）发送节日祝福。进入微信群聊天界面，在输入框中输入与中秋节相关的节日祝福语，此处输入"年年中秋待月圆，月圆最是相思时。A50服饰在此送上中秋祝福，祝各位小伙伴中秋节快乐！"，然后点击 发送 按钮，如图6-16所示。

（5）发布商品上新信息。在输入框中输入商品上新的相关信息，此处输入"您好，A50服饰上新啦！这款运动背包不仅防水还可折叠，仅售79元！快来看看吧～"，点击 发送 按钮发送文字信息。然后点击输入框右侧的⊕按钮，在打开的列表中点击"相册"选项，在打开的界面中选择商品图片，再点击 发送(2/9) 按钮在群内发布商品图片，如图6-17所示。

图6-15　创建微信群

图6-16　发送节日祝福

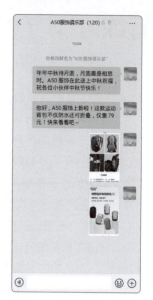

图6-17　发布商品上新信息

案例分析——坚持"客户为先"的服务精神

　　李某是某连锁药房网店的客服人员。一日，李某在浏览阿里旺旺群时发现了一则特殊的求助信息，看到求助消息后，李某立马找到该客户并询问相关情况。该客户称自己的妹妹患有糖尿病，每天都需要注射胰岛素。但是，客户的妹妹所在地突发洪水，线下药店全部关闭，在网上选购的治疗药物也迟迟未发货。客户则远在外地，无法回家为妹妹送药。

　　眼见家里的药物所剩无几，于是客户想到自己曾经在××购买过药物，并且××属于连锁药房，说不定可以为妹妹配送药物，因此才会向李某求助。急客户所急的李某安抚好客户后，立刻联系了客户的妹妹所在地的分拣中心。经过了解后，李某才知道客户的妹妹所在地的快递已经停止了配送。但是李某并未放弃，稍加思索后她询问了同事，并将该事件上报给了领导。同事让她询问配送地是否还有快递在营业。经过多方沟通后，李某了解到客户的妹妹所在地的快递都已停止配送。此刻李某心里很为客户着急，她便联合同事在微信、微博及志愿者服务QQ群中发布了该求助信息。消息经过多方发布，终于有一位志愿者表示自己正在当地，可以帮忙配送药物。于是，李某马上联系了该地的分拣中心，将药物送到了该志愿者手上。最终，在李某的不懈努力与志愿者的热心帮助下，该药物被安全送至客户的妹妹手中。

　　随后，李某回访了客户。客户在电话里激动不已，甚至有些语无伦次，他在电话中反复向李某表示了感谢。李某也答复道："这是我们应该做的，只要我们能帮助到您，我们就一定会尽力去完成。"

　　点评：李某凭借着出色的业务能力和实际行动证实了其责任感与担当，在整个过程中始终坚持着"客户为先"的服务精神，很好地实现了客户与客服之间的信赖交互。

课后练习

1. 选择题

（1）[单选]维护客户关系的重要性不包括（　　　）。

    A. 保持网店的盈利水平　　　　　　　　B. 增强网店的竞争优势

    C. 有利于发展新客户　　　　　　　　　D. 有效节约成本

（2）[单选]下列有关RFM模式的说法中，错误的是（　　　）。

    A. RFM模式是衡量客户价值和客户创利能力的重要工具和手段

    B. R指客户最近一次购买距离上一次购买的时间

    C. F指客户在最近一段时间内距离上一次购买的次数

    D. M指客户在最近一段时间内购买商品所花费的金额

（3）[多选]下列选项中，属于依据可量化的客户价值进行的客户等级划分的有（　　　）。

    A. 沉睡客户　　　　B. 潜在客户　　　　C. 中量客户　　　　D. 低量客户

2. 填空题

（1）____是电子商务平台常用的一种促销手段，其活动形式是在较短的时间段内以低于常规的价格销售商品。

（2）用户中心会员管理系统将客户分为_____、高级会员、_____、至尊VIP会员4个等级。

（3）微信公众号的类型包括_____、_____、小程序和企业微信。

（4）网店关怀客户常见方式有_____、情感关怀、_____和促销推送等。

3. 判断题

（1）买就送是网店为了提高商品的销量而参加的团购商品的活动形式。（　　　）

（2）客户等级的划分主要依据可量化的客户价值和不可量化的客户价值进行。（　　　）

（3）RFM模式中的R指客户最近一次购买距离上一次购买的时间。（　　　）

4. 简答题

（1）网店客服人员应当如何划分客户等级？

（2）网店客服人员可以从哪些方面出发提升客户忠诚度？

（3）常用的客户关怀工具有哪些？

5. 实践题

（1）在淘宝中查找打折活动，并说明该打折活动所列明的详细信息，如打折商品的范围、打折时间、折扣力度等，再分析网店客服人员应当掌握打折活动的哪些信息。

（2）假如你是某保温杯品牌的网店客服人员，请试着创建一个不少于20人的微信群，并为微信群命名，然后在微信群中发送促销推送信息。

（3）端午节临近，某品牌网店想要为网店客户送上节日关怀，请试着撰写一篇简短的节日祝福文案。

07

第7章
提高工作效率——智能客服

引导案例

每逢大促活动，网店客服人员就会忙得不可开交。为了缓解工作压力，某淘宝网店店长郑某在"双十一"大促活动之前便启用了"阿里店小蜜"智能客服。它不但提高了网店的销售额，而且提高了服务的效率。

"双十一"活动期间，该网店前前后后接待了超过1万名客户，却很少收到客户投诉。在客户首次进店咨询时，阿里店小蜜就会自动回复客户提出的一些常见售前问题，如尺码选择、商品材质、活动说明等，当阿里店小蜜不能解答客户疑问时再转交给人工客服，此时网店客服人员就有足够的时间来解答客户的疑问。若遇到修改订单的情况，待客户成功下单后，售前客服人员便会立即将其转交给售中客服人员，从而提高了工作效率。除此之外，若客户要退货退款，阿里店小蜜也能直接引导客户完成操作；对于商品的任何售后问题，阿里店小蜜则会将其转交给售后客服人员处理，从根本上解决了客户的燃眉之急，让客户获得了良好的购物体验。

目前，已经有许多淘宝网店启用了阿里店小蜜，帮助解决大量重复的、可自动化处理的工作，进一步提高运作效率、推动自身快速发展。

学习目标

* 了解智能客服的定义和作用，熟悉智能客服系统。
* 学会使用阿里店小蜜的基本功能。
* 能够根据网店实际情况配置阿里店小蜜。

素养目标

* 合理运用创新型客服工具，提高工作效率。
* 培养创新、开放的理念，积极关注当代科技发展。

7.1 初识智能客服

近年来，随着智能化技术的深入发展，智能客服已经成为各大网店客户服务场景中的标配。智能客服不仅能在很大程度上缓解客服人员的工作压力，还可以提高客服响应速度，改善客户体验，减少客户流失。

↘ 7.1.1 智能客服的定义与作用

智能客服是指在人工智能、大数据、云计算等技术的赋能下释放人力成本、提高响应速度的客户服务形式。智能客服的核心在于网店与客户的交互，即通过文字、图片、语音等媒介，构建起网店与客户交互的桥梁，从而达到售前咨询、售中答疑、售后关怀等多重目的。

相比传统的人工客服，智能客服拥有多方面的突出优势。总体来说，智能客服的作用如下。

- **及时响应，避免客户流失**：智能客服可以全天候不间断地响应客户的需求，弥补了人工客服非工作日、非工作时间不在线的空白，保证客户服务的连续性，缩短客户等待时长，避免客户因长时间等待产生不满而流失。
- **提高客户服务的工作效率**：智能客服模仿人与客户对话，能够解决人工客服逐条回答客户大量重复问题的困扰，可以及时、快速地回复客户问题，大大提高了客服的工作效率。
- **降低网店成本**：智能客服可以降低网店在人工客服方面的招聘及培训成本，起到降低运营成本、增加收益的作用。
- **提高客户服务质量**：第一，网店相关管理人员能够实时监控智能客服与客户的对话，出现问题时可迅速介入，参与接待，以稳定客户的情绪，提高客户的满意度；第二，智能客服可以提供很多标准、规范的回复模板，规范人工客服的回复，智能客服的智能质检还能提供精确的分析结果，指导人工客服改进服务方式，帮助网店提高客户服务的质量。
- **提高网店客服管理效率**：传统的客服管理工作仅靠人工来质检，耗时耗力，往往一段录音需要听上很多遍，而且要求较高，质检结果不一定准确；而智能客服则能对客服人员与客户的会话实现自动质检，大大提高了质检效率。同时，智能客服还可以进行智能数据统计，根据预设的指标来统计客服工作，并自动生成报表，整个过程便捷、高效、直观。

需要注意的是，智能客服在响应效率、服务质量等多方面具有突出优势，但其核心作用仍在于辅助，而非替代人工。

↘ 7.1.2 智能客服系统

智能客服系统是一种涵盖客户接入、客户服务、工单处理、质检管理、数据管理等功能的服务系统，能够帮助网店与客户建立联系，提高销售业绩，改善服务质量，让客户获得优质体验。智能客服系统可以分为多个不同的功能模块，图7-1所示为某智能客服系统的运行模块。

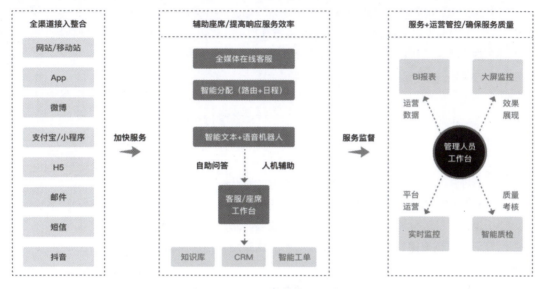

图7-1 某智能客服系统的运行模块

大多数智能客服系统基本都包括图7-1中的模块，如知识库模块、智能工单模块、智能质检模块、实时监控模块等。智能客服系统的运行原理十分复杂，在实际工作过程中，通常是以传统的智能客服系统为优化基础，增加一个可以容纳多种数据的集成数据库，然后从数据库中提取数据，进行大数据分析，并根据固定算法合理处理，最后将参考性意见传递给营销部门等下属部门，帮助网店总结现阶段的实际运营情况，从而提升整个智能客服系统的人性化程度。

↘ 7.1.3 智能客服机器人——阿里店小蜜

阿里店小蜜是阿里巴巴官方推出的智能客服机器人，能够帮助网店更好地管理店铺，减少人工客服的工作量。其特点主要体现在以下3个方面。

- **接待能力**：阿里店小蜜是帮助网店提高接待能力的重要工具，它能够7×24小时在线，具有智能预测、智能催拍、主动营销等功能，可以代替人工客服处理大量的咨询问题。
- **响应时间**：阿里店小蜜可以为网店减少约40%的响应时间，并且其智能接待响应时间仅为1秒，能够很好地抓住客户的"黄金6秒"，有效避免客户流失。
- **转化数据**：阿里店小蜜所带来的转化率也是不错的，每10个客户咨询阿里店小蜜之后，就会有约6个客户成交。

另外，阿里店小蜜不会带着情绪工作，所以在回复问题上通常不会出现遗漏或者倦怠的情况。什么时候发货、发什么快递、有没有优惠等通用型问题都可以放心地交给阿里店小蜜来回答，当阿里店小蜜有解决不了的问题时，再由网店的人工客服介入。

阿里店小蜜的运行和使用依托于千牛工作台，因此，开启阿里店小蜜的第一步是在千牛工作台中设置客服分流，设置完毕后即可继续进行开启阿里店小蜜的操作，具体操作步骤如下。

（1）进入千牛工作台，在界面上方的搜索栏中输入"旺旺分流"，然后在打开的搜索列表中选择"旺旺分流"选项。

（2）打开"旺旺分流"界面，"基础设置"选项卡中显示了参与分流的客服信息。如果想让更多的客服参与，则可以单击 新增分组 按钮新建一个分组，然后在其中添加相应的客服；也可以在现有分组中继续添加客服。这里单击现有分组"售前客服"对应的"修改"超链接。

微课视频——开启
阿里店小蜜

（3）在打开的界面中单击 添加客服 按钮添加客服，打开"添加客服"对话框，选中客服名字对应的复选框后，单击 确认 按钮。

（4）返回"旺旺分流"界面，单击"高级设置"选项卡，在"全店调度"选项卡下的"机器人配置"栏中设置图7-2所示的机器人接待分流策略，然后单击 保存 按钮，完成客服分流设置。

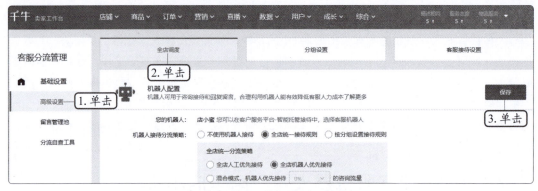

图7-2　设置机器人接待分流策略

（5）设置好客服分流后即可开启阿里店小蜜。在千牛工作台界面上方的搜索栏中输入"阿里店小蜜"，然后在打开的搜索列表中选择"阿里店小蜜"选项。

（6）打开的界面中将介绍阿里店小蜜的功能模式及特点。官方提供的阿里店小蜜有3种配置，分别是快捷配置、标准配置、高级配置，不同配置对应不同的服务内容，这里选择"快捷配置"方式，然后单击 下一步，助手小蜜将引导您完成配置 按钮。

（7）进入阿里店小蜜的后台配置界面，同时千牛工作台接待中心的网店名称下方会显示图7-3所示的标志，表示该网店已启用阿里店小蜜的智能辅助功能。此时若有客户进店咨询，则阿里店小蜜将会第一时间与其对接。

图7-3　成功启用智能客服的标志

7.2 了解阿里店小蜜的基本功能

阿里店小蜜一经推出，就受到了很多淘宝网店的喜爱。为了让阿里店小蜜充分发挥作用，提升服务品质，网店客服人员需要了解阿里店小蜜的基本功能。

↘ 7.2.1 跟单助手

阿里店小蜜中的跟单助手功能可以协助网店客服人员跟进交易的各个关键环节。目前，阿里店小蜜已经有"【催付】下单未支付""【催付】预售尾款未付""【催拍】咨询未下单""【营销】单后推荐关怀""【营销】意向用户唤醒""【营销】复购营销""【催收货】签收未确认""【说明书】发送使用说明""【物流】缺货通知""【物流】延迟发货协商""【拒签】未收货仅退款拒签""【物流】拆包发货通知"等多个跟单场景任务，图7-4所示为阿里店小蜜的部分跟单场景任务。

图7-4 阿里店小蜜的部分跟单场景任务

↘ 7.2.2 商品知识库

商品知识库相当于阿里店小蜜的"智能大脑"，里面储存着阿里店小蜜回复客户的商品知识信息，因此商品知识库的创建和维护对阿里店小蜜的使用来说非常重要。创建商品知识库的操作比较简单，具体操作为：在阿里店小蜜主界面左侧的列表中选择"商品知识"栏下方的"商品知识库"选项；打开"商品知识库"界面，在其中单击"全部商品"选项卡，然后选择其中一件商品，再单击该商品对应的 新增自定义知识 按钮；打开"新增自定义知识"对话框，在"问题类型"栏中选择好商品分类后，依次编辑问法、回复方式、文字答案等内容，如图7-5所示，然后单击 确认 按钮。

图7-5 新增商品知识库内容

↘ 7.2.3　商品属性表

商品属性表主要用来维护网店商品的属性，其内容主要来源于商品详情页。该属性表可用于配置商品问答类问题，可大大减少网店的维护成本，提升商品属性的准确性。利用商品属性表，阿里店小蜜可以清晰地知道商品的特性，当客户咨询商品的相关问题时，其就可以精准回复。

拓展知识——商品属性表使用规则

商品属性表的设置操作：在阿里店小蜜主界面左侧的列表中选择"商品知识"栏下方的"商品属性表"选项，进入"商品属性表"界面；在界面中可以看到商品列表，单击其中一个商品后面的 编辑 按钮；打开"编辑商品属性"对话框，在对话框中查看并完善商品属性，如图7-6所示，然后单击 保存 按钮。设置完成后，在"商品属性表"界面单击"商品属性开启状态"栏后的 关 按钮开启该功能，此后，客户在咨询商品属性值的时候，阿里店小蜜会根据客户发送的链接，精准给出相关答案。

图7-6　查看并完善商品属性

"编辑商品属性"对话框中还有"推荐属性"选项卡，在其中可以填写商品卖点。网店客服人员可以在每个商品的卖点中填写商品的一些特性，如品牌优势、新功能等，在客户咨询这款商品的时候，阿里店小蜜就会向客户推送这款商品的卖点，从而提高转化率。

↘ 7.2.4　问答诊断

问答诊断功能即根据网店客服人员的接待数据，帮助网店快速补充和丰富商品知识库的答案，或者对已有答案给出优化建议。通过基本的诊断分析，网店客服人员可以发现网店存在的问题，从而找出解决问题的方法，最终提高转化率。

设置问答诊断的操作方法为：进入阿里店小蜜主界面，在左侧的列表中选择"店铺诊断"栏下方的"店铺问答诊断"选项；打开"店铺问答诊断"界面，其中显示了当前网店存在的问题，如图7-7所示。此时，网店客服人员只需根据问题提示单击 去处理 按钮，然后在打开的界面中进行诊断设置即可。

图7-7 问答诊断

7.2.5 智能商品推荐

智能商品推荐功能可以帮助阿里店小蜜在不同场景下给客户推荐大概率会成交的商品，最终提高客单价。当客户发来一个商品链接时，阿里店小蜜可以推荐与之搭配的商品，建议客户一起购买，开展关联推荐。智能商品推荐包括求购推荐、搭配推荐、其他推荐3个方面。下面介绍智能商品推荐的设置方法，具体操作步骤如下。

微课视频——设置
智能商品推荐

（1）进入阿里店小蜜主界面，在左侧列表中选择"营销增收"栏下方的"智能商品推荐"选项。

（2）打开"智能商品推荐"界面，在"求购推荐"选项卡中单击选中"求购推荐"栏右侧的"开启"单选项，如图7-8所示，然后单击 保存 按钮。当客户进店咨询并表达想要购买××商品的求购意图时，阿里店小蜜就会自动推荐有可能成交的商品。

图7-8 开启求购推荐

（3）单击"搭配推荐"选项卡，在"搭配推荐"栏右侧单击选中"开启"单选项，然后在"推荐场景"列表中单击选中需要搭配的场景对应的复选框，并在"人工搭配设置"栏中单击 单向推荐 按钮，如图7-9所示，最后单击 保存 按钮。当客户发来商品链接并表达想要购买该商品的意图时，阿里店小蜜就会根据销量、客户行为等多项数据进行商品搭配推荐。

（4）单击"其他推荐"选项卡，依次单击选中"无货推荐""凑单推荐""热销款推荐"

栏中的"开启"单选项，如图7-10所示，然后单击 保存 按钮。开启"无货推荐"后，当客户咨询的商品无货时，阿里店小蜜就会根据客户的喜好向客户推荐有货且相似的商品；开启"凑单推荐"后，阿里店小蜜会主动根据优惠券满减条件、商品信息等推荐凑单商品；开启"热销款推荐"后，当客户咨询"店铺活动""优惠""送礼"等问题时，阿里店小蜜就会向客户推荐配置的热门商品。

图7-9 开启搭配推荐

图7-10 开启其他推荐

↘ 7.2.6 主动营销话术

主动营销话术功能即阿里店小蜜会针对高意愿客户，在合适的时机主动推荐活动优惠、智能卖点、历史评价或者猜你想问（每次主动回复1～2条最合适的营销内容）等，从而提升客户的购买意愿或者挖掘客户的潜在需求，最终促成交易。目前而言，主动营销话术主要有以下4种类型。

- **智能卖点**：阿里店小蜜会根据商品的特征，智能生成商品卖点（目前只覆盖部分商品及部分行业）。
- **历史评价**：阿里店小蜜会根据商品的历史正面评价，生成营销话术推送给客户，让客户对商品产生好感。
- **活动优惠**：当客户对商品有购买兴趣时，阿里店小蜜将自动推荐该商品可用的优惠券或网店参加的各类促销活动。
- **猜你想问**：阿里店小蜜会猜测客户可能存在的问题，主动反问，消除客户的疑虑。

主动营销话术功能让阿里店小蜜拥有主动推荐营销的能力。开启主动营销话术功能的操作方法：进入阿里店小蜜主界面，在左侧的列表中选择"营销增收"栏下方的"主动营销话术"选项；然后在打开的界面中单击"主动营销"栏右侧的 按钮，默认开启"智能卖点""历史评价""活动优惠""猜你想问"等类型的主动营销话术，最后单击 保存 按钮，如图7-11所示。

图7-11 开启主动营销话术功能

↘ 7.2.7 关键字回复

关键字回复功能适用于客户问题突发、集中且常见回答无法有效解决时，应急使用关键词匹配来命中客户问题并回复。一般来说，关键字回复功能需要配置词组，这样能提高回复的精准率。需要注意的是，关键词组不能随意捏造，要与网店商品或活动，以及客户问题息息相关。下面针对促销活动设置关键字回复，具体操作步骤如下。

微课视频——
关键字回复

（1）进入阿里店小蜜主界面，在左侧的列表中选择"问答管理"栏下方的"关键字回复"选项，打开"关键字回复"界面，在其中单击 添加关键词组 按钮，如图7-12所示。

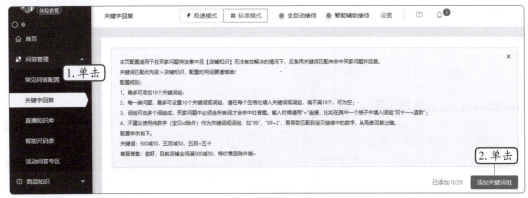

图7-12 单击"添加关键词组"按钮

（2）打开"关键词编辑"对话框，分别在"关键词"和"客服答案"文本框中输入相关内容。此处以客户询问"满300元减50元"活动为例，客户可能会有多种问法，如"满300减50""满三百减五十""满减"等，因此网店客服人员可以把客户可能会问到的词设为关键词，然后输入答案，如图7-13所示，然后单击 保存 按钮。

图7-13　"关键词编辑"对话框

（3）返回"关键字回复"界面，其中显示了新添加的关键词组，如图7-14所示。继续单击 添加关键词组 按钮，可以为网店添加其他的关键词组。

图7-14　查看添加的关键词组

7.3　配置阿里店小蜜

阿里店小蜜能够帮助网店更好地管理店铺，节省成本并提高转化率。但是网店客服人员若想要顺利使用阿里店小蜜，还需要根据网店实际情况将其进行配置，如设置服务模式、配置常见问答、订阅行业包、设置欢迎语卡片问题等。

↘ 7.3.1　设置服务模式

目前，阿里店小蜜主要有全自动接待和智能辅助接待两种服务模式。在全自动接待服务模式下，阿里店小蜜将为网店自动接待所有客户咨询，适合夜间无人或大促流量激增时开启，确保客户咨询能被及时回复；在智能辅助接待服务模式下，阿里店小蜜将辅助网店客服人员接待客户，在网店客服人员接待过程中提供话术推荐，并自动回复网店客服人员尚未接待的客户，适合在日常接待时使用，提高响应速度和接待效率。

两种服务模式的设置方法相似，下面以智能辅助接待服务模式的设置为例进行介绍，具体操作方法为：进入阿里店小蜜主界面，在左侧的列表中选择"店铺管理"栏下方的"接待设置"选项，打开"全自动接待设置"选项卡，单击"智能辅助接待设置"选项卡，单击 坐席授权 按钮，智能辅助接待服务模式就会开启，如图7-15所示，然后单击 保存 按钮保存设置即可。

图7-15　开启智能辅助接待服务模式

全自动接待服务模式是独立虚拟账号独立接待，不依赖人工账号，一旦开启立马生效，不用网店客服人员登录账号，也不用挂机。一般来说，只要在设置客服分流时，单击选中"全店统一接待规则"/"全店机器人优先接待"单选项（见图7-2），就开启了全自动接待服务模式。

↘ 7.3.2　配置常见问答

常见问答即客户和网店客服人员之间的一些重复性问答，包括聊天互动、商品问题、活动优惠、购买操作、物流问题等。配置常见问答可以提高网店客服人员的响应速度，改善客户购物体验。

常见问答的配置操作很简单，具体操作方法为：进入阿里店小蜜主界面，在左侧的列表中选择"问答管理"栏下方的"常见问答配置"选项，打开"常见问答配置"界面；可见界面中"全部知识"选项卡下方相关问题的答案均显示为空，需要手动添加；单击第一个问题中的 +增加答案 按钮，打开"答案编辑器"对话框，编辑图文答案，如图7-16所示，完成后单击 确认 按钮。

图7-16　编辑答案

编辑好答案后，返回"常见问答配置"界面，问题下方将显示添加的答案。若单击问题下方的按钮，还可以添加关联问题。添加关联问题后，若客户咨询的问题没有答案，关联的问题将跟在答案后发送，供客户选择。另外，单击"聊天互动""商品问题"等选项卡，可以就不同场景的客户问题配置答案。

知识补充

设置多条回复话术

在配置常见问答时，网店客服人员可以为客户咨询较多的问题配置多条回复话术。这样当客户重复咨询时，就可以避免反复回复一条话术的尴尬。

↘ 7.3.3 订阅行业包

行业包是阿里店小蜜基于各行业的海量客户问题得出的，适用于单个行业的专属高频问题。订阅行业包以后，网店客服人员就不需要设置常见问题，只需要编辑答案。行业包中的每一类问题都涵盖了上千种客户问法，以保障问题的命中率。另外，如果网店售卖的商品涉及多个品类和行业，网店客服人员还可以订阅多个行业包。

订阅行业包的操作方法为：进入阿里店小蜜主界面，在左侧的列表中选择"问答管理"下方的"常见问答配置"选项，进入"常见问答配置"界面，单击 订阅行业包 按钮；打开"订阅中心"对话框，其中默认订阅了行业通用包（包含通用的高频客户问题），然后根据网店实际售卖商品所属行业进行选择即可，如图7-17所示。

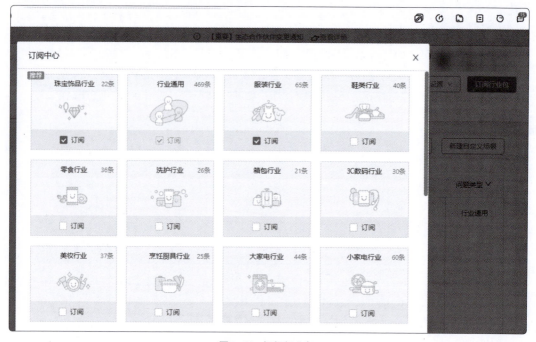

图7-17 订阅行业包

↘ 7.3.4　设置欢迎语卡片问题

设置欢迎语卡片问题，不仅可以提高客户服务质量，还可以解决客户的高频问题，优化客户的购买体验。欢迎语卡片问题的设置操作如下。

（1）进入阿里店小蜜主界面，在左侧的列表中选择"店铺管理"栏下方的"接待设置"选项，打开"全自动接待设置"选项卡。

（2）向下找到欢迎语卡片设置，如图7-18所示。在"欢迎语"文本框中更改欢迎语，此处输入"您好，欢迎光临小店☕，非常高兴为您服务，请问有什么可以帮到您呢？"。

（3）单击"卡片问题"下方的 +新增卡片问题 按钮，打开"卡片类型""卡片问题""关联知识"栏，单击"卡片问题"栏后的"编辑"按钮 ✎，如图7-19所示。

微课视频——欢迎语卡片问题设置

图7-18　找到欢迎语卡片设置

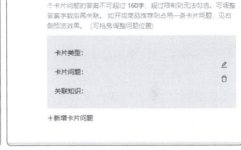

图7-19　单击"编辑"按钮

（4）打开"卡片问题编辑"对话框，从中可见卡片问题的配置方式主要有两种，分别是"人工配置"和"智能预测"。此处默认选择"配置问题"类型，单击选中"智能预测"单选项，单击 确定 按钮，如图7-20所示，系统会智能帮助网店客服人员推荐热度最高的自定义问题，回答客户最关心的问题。

图7-20　设置卡片问题

（5）欢迎语卡片问题设置完毕，返回"全自动接待设置"选项卡，在其中即可查看设置好的欢迎语卡片问题。另外，如果选择人工配置卡片问题，网店客服人员还需要自行在"卡片问题编辑"对话框中选择回复方式、编写答案。

实训演练

↘ 实训1：使用跟单助手协助催拍

【实训背景】

张某是某护肤品网店的客服人员，她发现尽管平常来网店咨询的客户人数较多，但是许多客户在咨询后并没有下单。为了避免未及时跟进而造成客户流失，张某决定利用阿里店小蜜的跟单助手来协助催拍。

【实训要求】

使用阿里店小蜜的跟单助手来协助催拍，催拍时间为8:00至21:00，催拍话术要尽量能挽回客户，促进客户下单。

【实训目标】

（1）了解阿里店小蜜的基本功能。

（2）能灵活使用跟单助手协助催拍。

【实训步骤】

（1）进入阿里店小蜜主界面，在左侧列表中选择"跟单助手"栏下的"跟单场景任务"选项，进入"跟单场景任务"界面。

（2）单击"促进增收"栏中"【催拍】咨询未下单"任务下方的 新建任务 按钮，如图7-21所示。

图7-21　单击"新建任务"按钮

（3）打开"请选择渠道"对话框，单击"小蜜自动"下方的 新建任务 按钮。

（4）打开"新建任务"对话框，设置催拍任务。此处先修改任务名称为"20220629咨询后未下单催拍小蜜自动"，默认选中"有效期"右侧的"长期有效"单选项，设置"时机"为"咨询后1分钟未下单时""自动发送时段"为"每天8点~21点""发送话术"为"您好，您咨询的商品还没有拍下呢～有什么疑问可以随时咨询我哦！此次商品价格非常优惠，千万不要错过哦！"，如图7-22所示。

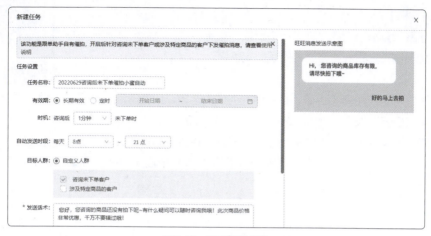

图7-22　设置催拍任务

（5）单击 开始任务 按钮完成设置。随后，当有客户咨询后超过1分钟未下单，阿里店小蜜将自动发送催拍话术给客户。

↘ 实训2：配置手镯尺寸常见问答

【实训背景】

方某是某珠宝品牌网店的客服人员。近来，网店上新了多款手镯，咨询的客户较多。其中，如何选择手镯尺寸是客户咨询最多的问题。于是，方某决定利用阿里店小蜜的"常见问答配置"功能，让客户能自主选购手镯。图7-23所示为该网店的手镯尺寸测量说明。

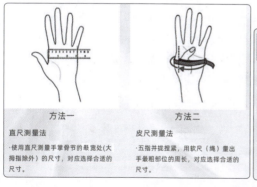

直尺测量 (mm)	皮尺测量 (mm)	对应手镯内径 (mm)
62~66mm	130~150mm	50~52mm
66~70mm	150~170mm	52~54mm
70~74mm	170~190mm	54~56mm
74~78mm	190~210mm	56~58mm
78~82mm	210~230mm	58~60mm
82mm以上	230mm以上	60mm以上

* 喜欢佩戴宽松或紧致的可在测量的基础上±1mm
* 每个人的骨节粗细、软硬程度不一，可按自身情况挑选合适的手镯圈口

图7-23　手镯尺寸测量说明

素材所在位置　素材文件\第7章\手镯尺寸测量.jpg

【实训要求】

使用阿里店小蜜中的"常见问答配置"功能为手镯尺寸的选择设置答案。

【实训目标】

（1）了解阿里店小蜜的"常见问答配置"功能。

（2）能熟练为客户经常咨询的问题配置答案。

【实训步骤】

（1）进入阿里店小蜜主界面，在左侧的列表中选择"问答管理"栏下方的"常见问答配置"选项，进入"常见问答配置"界面。

（2）单击"商品问题"选项卡，在界面下方选择与尺码推荐有关的问题，并设置回复内容。此处选择图7-24所示的"珠宝选码"问题（要想配置行业高频问题，需先订阅珠宝行业的行业包），然后单击 +增加答案 按钮。

图7-24　选择问题

（3）打开"答案编辑器"对话框，在对话框中输入问题的答案。此处在"文本内容"文本框中输入"您好，这是手镯的尺寸测量方法，麻烦您先测量一下呢～"，然后单击"上传图片"按钮+。打开"打开文件"对话框，选择"手镯尺寸测量.jpg"素材图片，单击 打开(O) 按钮。

（4）图片上传完成，如图7-25所示，单击 确认 按钮完成设置。

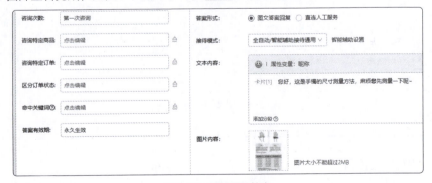

图7-25　编辑问题答案

案例分析——身处困境，自强不息

吴某某是一名下岗职工，10年前，在黑龙江省某县妇联、残联、社区中心、电商办的帮助下，她走上了电商创业之路，创办了黑龙江省某县第一家淘宝网店——"助农购"。"助农购"淘宝网店经营的商品主要是该县盛产的农产品，如小米、香瓜、大豆、菌类等。

经过多年的发展，该淘宝网店的规模越来越大，不仅经营品类越来越丰富，队伍也越来越壮大，客服部门就超过50人。由于"助农购"淘宝网店是在县妇联、残联等的帮助下成立的，因此为了帮助该县的残疾群体、弱势群体就业，吴某某招收的网店客服人员大多属于弱势群体或是残障人士。尽管身处困境，这群人却自强不息，在他们共同的努力下，该淘宝网店也越做越好。

近年来，直播、短视频等发展火热，除了在淘宝上销售商品，吴某某也开始利用抖音、快手、微博等软件推广、销售商品。因此，"助农购"淘宝网店的订单越来越多。但是随着"双十一"活动的又一次到来，吴某某却有点担心。去年，网店新增加了一类促销活动，订单量随之激增，但是售后问题也随之增加，弄得客服部门的人员手忙脚乱。在她看来，今年网店的订单预计比去年多一倍，但是客服部门的新进人员尚不能立刻上岗，于是她找来了客服经理张娜商量对策。张某在听完吴某某的担忧后会心一笑，她告诉吴某某不用太担心。原来，最近客服部门上线了智能客服阿里店小蜜，网店客服人员都在学习如何使用阿里店小蜜。并且，昨日刚好上线了一批聚划算活动商品，经过检测，使用阿里店小蜜的效果非常好，阿里店小蜜不仅响应快速，还能引导客户下单购物。听了张某的话后，吴某某瞬间松了一口气。最后，吴某某还是告诉张某，就算有了智能客服也不能松懈，"双十一"活动期间订单量大，很容易出现各种问题，网店客服人员一定要谨慎，要尽全力解决客户的问题。

30秒60单，10分钟500单，20分钟1500单，30分钟突破4000单，从"双十一"活动开始到结束，"助农购"淘宝网店的成交金额超过了5000万元。另外，全体网店客服人员在阿里店小蜜的帮助下，首次做到了零投诉。"双十一"活动取得圆满成功，"助农购"淘宝网店不仅收获了一大批客户的好评，还促进了当地经济的发展。

点评：吴某某带领的淘宝网店不仅拓展了当地农产品的销售渠道，还带动了当地农户增收，促进了当地经济的发展。所谓"科技推动进步，创新引领发展"，在电子商务时代，网店客服人员是连接网店和客户的桥梁，合理运用一些创新型客服工具，不仅能提高工作效率，还能改善客户的购物体验。

课后练习

1. 选择题

（1）[单选]智能客服的作用不包括（　　　）。

A. 提高客户服务的工作效率　　　　B. 降低网店成本

C. 美化网店的形象　　　　　　　　D. 提高网店客服管理效率

（2）[单选]下列选项中，不属于主动营销话术类型的是（　　　）。

A. 智能卖点　　　B. 历史评价　　　C. 猜你想问　　　D. 订单金额

（3）[多选]智能商品推荐包括（　　　）。

A. 求购推荐　　　B. 搭配推荐　　　C. 无货推荐　　　D. 凑单推荐

2. 填空题

（1）阿里店小蜜中的＿＿＿＿＿＿功能可以协助网店客服人员跟进交易的各个关键环节。

（2）目前，阿里店小蜜主要有＿＿＿＿＿＿和＿＿＿＿＿＿两种服务模式。

（3）＿＿＿＿＿＿主要用来维护网店商品的属性，其内容主要来源于商品详情页，该属性表可用于配置商品问答类问题。

3. 判断题

（1）开启阿里店小蜜的第一步是在千牛工作台设置客服分流。（　　　）

（2）常见问答配置是阿里店小蜜基于各行业的海量客户问题得出的，适用于网店的高频问题。（　　　）

（3）阿里店小蜜主要有快捷配置、标准配置、高级配置等服务模式。（　　　）

4. 简答题

（1）简述智能客服的定义和作用。

（2）阿里店小蜜的跟单助手功能是什么，有哪些适用场景？

（3）阿里店小蜜的服务模式有哪些？网店应当如何选择？

5. 实践题

（1）尝试在千牛工作台中开启阿里店小蜜服务，并设置欢迎语卡片问题。

（2）尝试使用阿里店小蜜中的跟单助手功能对咨询后未下单的客户进行催拍。

（3）使用阿里店小蜜的关键字回复功能，要求设置的关键词组为"预售""大促预售"，回复内容为"您好，现在本店商品已开启预售，活动时间为6月1日20:00—6月3日23:00，部分商品活动开始前4小时1件8折！"。

08

第8章
打造金牌客服——分析客服数据

引导案例

"防晒之家"是一家售卖防晒用品的淘宝网店,自开业以来,网店的业绩一直非常不错。4月到8月,本该是网店销售量的上升期,但店长张某却发现网店的销售量呈现下滑趋势,他便把今年4月到8月和去年同期的销售量总额进行了对比。对比后张某才发现,网店整体销售量确实下滑得厉害。为了弄清楚网店销售量下滑的具体原因,张某找来了网店客服主管,让他把近3个月内每一位网店客服人员工作情况的统计表发给他。经过分析,张某发现网店销售量下滑与客户服务有直接关系。网店客服人员响应速度慢是导致丢单的主要原因,除此之外,网店客服人员的询单转化率低于网店规定的最低水平、个别网店客服人员的退款率高等也是导致网店销售量下滑的原因。为了解除网店危机、提高商品销售量,张某根据这些数据对网店客服人员的工作做出了新的要求。

客服数据是衡量网店客服人员工作的重要依据。作为一名网店客服人员,要想提高服务水准,发现服务中的问题,就需要学会分析数据,并做出合理决策。

学习目标

* 掌握分析客服数据的方法,并能够发现问题、优化服务。
* 熟悉监控客服数据的各种渠道。

素养目标

* 树立责任意识,体现个人担当。
* 坚定信心,树立职业荣誉感。

8.1 分析客服数据

接待人数、销售量、客单价及询单转化率等都是常见的客服数据，分析这些客服数据可以帮助网店客服人员发现问题，提升服务水平和服务质量，提高工作效率。

↘ 8.1.1 网店客服人员接待分析

网店客服人员接待分析，主要是指对咨询人数、接待人数和询单人数3个方面的数据进行分析。表8-1所示为某网店的客服人员接待数据。

- **咨询人数**：指所选时间段内，咨询网店客服人员的客户总数，即咨询人数＝接待人数＋接待过滤人数。
- **接待人数**：指所选时间段内，网店客服人员接待的客户数（不包括接待过滤的客户数）。
- **询单人数**：指所选时间段内，网店客服人员接待的询单客户数，询单客户是指下单前咨询的客户（此数据应延迟1天统计）。

表8-1　某网店的客服人员接待数据

客服昵称	咨询人数	接待人数	询单人数
莉莉	0	0	0
张军	42	41	29
小涵涵	0	0	0
吴勇	52	52	30
周旋	0	0	0
王婧	17	17	10
小聂	26	23	15
菜菜	0	0	0
黄英	0	0	0
汇总	136	133	84
均值	15.11	14.78	9.33

从上述统计数据中可以看出，该网店的客服人员每天的接待人数、询单人数较少，有可能是因为网店缺少流量，关注网店的人太少。

↘ 8.1.2 网店客服人员销售分析

要分析网店客服人员的销售数据，可以从销售指标、网店客服人员销售量占网店总销售量的比例、网店客服人员之间销售量的对比3个方面入手。

1. 销售指标

销售指标包括销售额、销售量、销售人数、订单数及个人销售额占比等，各指标的含义如下。

- **销售额**：指通过网店客服人员服务成交的客户，在所选时间段内付款的金额，图8-1所示即某网店的客服销售额。
- **销售量**：指通过网店客服人员服务成交的客户，在所选时间段内付款的商品件数。
- **销售人数**：指通过网店客服人员服务成交的客户，在所选时间段内付款的人数。
- **订单数**：指通过网店客服人员服务成交的客户，在所选时间段内付款订单的数量。
- **个人销售额占比**：个人销售额占比（即个人销售额占团队销售额的百分比）＝网店客服人员的个人销售额÷网店客服团队销售额。

图8-1 某网店的客服销售额

影响网店销售数据的因素有多种，其中，销售量是对网店销售情况最直接的反映。销售量是指网店客服人员在一段时间内成功销售商品的数量，这一数据指标是对网店客服人员销售能力的综合反映。另外，为了更好地反映网店客服人员的销售情况，除了要单独统计网店客服人员的个人销售额外，还要通过对比网店客服人员的销售量和其他网店客服人员的销售量来进行深入分析。

2. 网店客服人员销售量占网店总销售量的比例

网店总销售量是指在一定时期内网店交易成功的商品数量，由静默销售量和网店客服人员销售量两部分组成。网店通过页面将商品展示给客户，客户阅读商品详情页中的信息后自行下单购买商品，这种以自助选购的方式销售的商品数量称为静默销售量。而通过咨询网店客服人员、经网店客服人员推荐等方式销售的商品数量，则称为网店客服人员销售量。

在一般情况下，网店客服人员销售量占网店总销售量的比例为60%是正常的。对于中型网店而言，网店客服人员销售量占网店总销售量的比例应接近60%，不能差太多，如果不能达到60%，则说明网店客服人员的工作效率还有待提高。

图 8-2 所示为某大型鞋店的月销售量情况。其中，网店客服人员销售量为 1805 件，而网店总销售量为 2860 件，由公式"网店客服人员销售量占网店总销售量的比例 = 网店客服人员销售量 ÷ 网店总销售量"得出，该网店的客服人员销售量与该网店总销售量之比约为 63%。这是一个相对令人满意的数据，说明该网店的客服人员能有效促进客户下单购买商品。

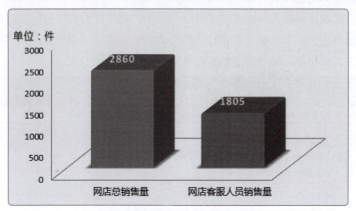

图 8-2　某大型鞋店的月销售量情况

网店客服人员销售量占网店总销售量的比例是网店客服人员工作的重要考核指标，主要用于考查网店客服人员的销售能力，包括网店客服人员对商品的熟悉度、服务态度、沟通话术和销售技巧等，也是网店客服人员综合能力的体现。

3. 网店客服人员之间销售量的对比

将销售数据作为网店客服人员之间对比的指标，可以更加准确地判断网店客服人员的工作效率。除此之外，我们还可以通过对比网店客服人员的销售量来检查网店的客户分流体系是否科学、完善，网店客服人员的工作是否到位。图8-3所示为某网店的5位客服人员的月销售量统计，从图中可以清晰地看出每一位网店客服人员的销售量。

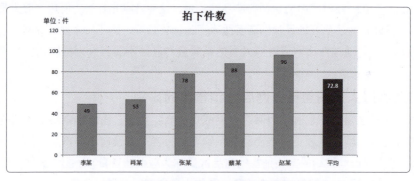

图8-3　某网店的5位客服人员的月销售量统计

从图8-3中可知，该网店客服人员的平均销售量为72.8件，李某和肖某的月销售量明显低于该网店客服人员的月平均销售量，说明他们的工作积极性有待提高。他们是否在销售环节出现了问题，还需通过其与客户的聊天记录来验证。赵某的月销售量远超该网店客服人员的月平均销售量，无论从销售能力还是对工作的投入度角度看都是值得嘉奖的。由此可见，客服人员之间的销售量对比是检查每一位客服人员工作情况的必要手段，并对检查网店客服人员的工作具有积极作用。

↘ 8.1.3　客单价分析

客单价是指客户在网店中的平均消费金额，计算公式为：客单价=网店成交金额÷成交客户数。例如，某网店有10位客户前来购买商品，他们的总成交金额是2000元，那么客单价就等于总成交金额2000元除以成交客户数10位，即200元/位。网店客服人员客单价的概念与之类似，即某一位网店客服人员服务后的成交金额与其服务的成交客户数的比例。

网店客服人员客单价决定了网店客单价，所以在对网店客服人员的工作进行考查时，客单价是一个非常重要的数据指标。表8-2所示为某女装店的3名客服人员一周的成交量统计。通过数据对比，我们可以看出即便是同一个网店的客服人员，其客单价的差别也很大。

表8-2　某女装店的3名客服人员一周成交量统计

网店客服人员	接待人数	成交件数	成交客户数	成交金额／元	客单价／元·位$^{-1}$
网店客服人员A	325	230	210	8683.5	41.35
网店客服人员B	405	320	268	9853.2	36.77
网店客服人员C	288	200	185	8500	45.95

通过表中数据，我们还可以分析出这3名网店客服人员在销售中具有以下一些特点。

- **网店客服人员A**：网店客服人员A的成交客户数较多，但每笔订单对应的商品件数不多，说明网店客服人员A的商品关联销售能力有所欠缺；如果客户购买的商品件数较多，其客单价还有上升的空间。
- **网店客服人员B**：网店客服人员B的成交客户数是最多的，每笔订单对应的商品件数也位居3名网店客服人员之首，说明网店客服人员B有着较强的销售能力，能在较短的时间内说服客户购买更多的商品；但网店客服人员B的客单价是最低的，这就说明网店客服人员B可能向客户推荐的都是低价位的商品。
- **网店客服人员C**：网店客服人员C的成交笔数是最少的，但客单价是最高的，这说明网店客服人员C在向客户推荐商品的过程中更倾向于推荐高价位的商品。

结合3名网店客服人员的销售特点和客单价情况，我们可以看出客单价的高低可能和网店客服人员的引导相关。下面就从增强客户的购物欲望、合理推荐商品两个方面分别介绍网店客服人员提高客单价的方法。

1. 增强客户的购物欲望

除了前面所讲的运用对商品知识的了解突出商品的优势以外，网店客服人员还可以从以下方面来增强客户的购物欲望。

● **促销活动**：许多网店会选择在节假日对商品进行促销，常见的形式有在商品原价的基础上直接打折、买满包邮、买一送一等，网店客服人员需要向客户介绍网店的活动，让客户感到这样的活动是难得的，再加上对商品优势的介绍，激发客户对商品的购买欲望，提高客户的购买量，从而实现客单价的提高。图8-4所示为一些促销活动的展示页面。

图8-4　一些促销活动的展示页面

● **专业认证**：一般来说，客户更愿意购买有专业认证的商品，网店客服人员在销售商品的过程中，可以出示一些专业机构出具的商品检测报告，以提高客户对商品的信任度。图8-5所示为某商品的检测报告。需要注意的是，专业机构出具的检测报告必须是真实的，网店客服人员不得以虚假的专业认证来欺骗客户。

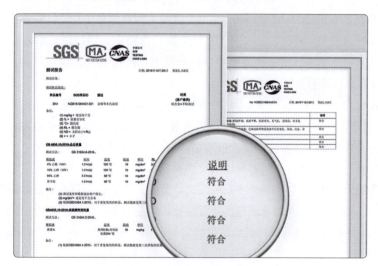

图8-5　某商品的检测报告

2. 合理推荐商品

对于网店客服人员而言，影响客单价的另一个重要因素就是商品的价格。如果网店客服人员在销售过程中老是推荐特价、低价的商品，那么客单价是上不去的。下面介绍网店客服人员如何通过与客户的沟通来合理推荐商品，以此来提高客单价。

（1）分析消费群体

网店客服人员在推荐商品时要因人而异，合理分析客户的价格需求与购买力。当客户说出了类似下面的话语时，网店客服人员就可以为其推荐一些高价商品。

● 我不喜欢价格太便宜的，质量没保证。

● 价格高低都无所谓，只要商品安全系数高、质量好就行。

● 我买东西就图个放心。

网店客服人员可以根据客户的表达挖掘出客户购买商品时较在意的因素，当得知客户考虑最多的不是价格因素之后，就可以向客户推荐一些价格略高的优质商品。

（2）合理引导

向客户合理推荐商品，也需要应用一些引导技巧，网店客服人员可以从以下方面出发来引导客户购买商品。

● **使用时间**：价格高的商品在质量和售后服务方面有一定的保障，也就是商品的耐用性更强，网店客服人员可以以此为卖点，说服客户购买。

● **品牌的魅力**：品牌吸引力也是客户选择高价商品的原因，网店客服人员可以从品牌的知名度、社会评价等方面介绍品牌独有的魅力，以吸引客户购买。

● **面子的需要**：客户有时会因为要送礼才购买商品，这个时候网店客服人员可以重点宣传商品的档次高，如"您好，这个价格的礼物可是很划算的，而且我们准备的礼品盒也是非常精美的，送亲朋好友非常有面子，很上档次哦"。

● **质量有保障**：商品的价格越高，其质量就越可能有保障，因此网店客服人员可以着重强调商品的质量保障，如"您好，既然是给小朋友使用的玩具，那么安全肯定是第一位的。我们这款商品的材料、配件等都经过了严格检查，我们还可以为您提供质量证明书。这款商品的价格虽然比其他玩具略高一些，但为了小朋友的安全着想，是很值得购买的呀"。

↘ 8.1.4　询单转化率分析

询单转化率是指客户进入网店后，通过咨询网店客服人员完成商品交易的情况，即咨询网店客服人员后下单成交的客户数与进行询问的总客户数的比例，具体计算公式为：询单转化率 = 咨询后付款客户数 ÷ 总咨询客户数。这里所说的咨询总客户数，是指除去发送广告、恶意骚扰等人员后，真正咨询商品的客户数。

一般来说，网店客服人员的询单转化率要在60%左右才算合格。表8-3所示为某网店不同客服人员的当日询单转化率和最终询单转化率。由统计数据可知，该网店客服人员的当日询单转化率和最终询单转化率都不合格，可能原因是该网店客服人员主动性差、对商品不熟悉或对催付话术与催付时间点掌握不当等。因此，网店就需要加强网店客服人员的服务意识，并对其进行催付话术与注意事项的培训。

表8-3　某网店不同客服人员的当日询单转化率和最终询单转化率

客服人员	当日询单转化率	最终询单转化率
A	37.50%	39.83%
B	42.43%	45.74%
C	28.91%	30.74%
D	41.04%	43.96%
E	37.47%	41.92%
F	42.70%	46.07%
G	39.10%	41.93%
H	0	0
I	33.40%	35.57%
J	48.58%	50.79%

1. 坚定客户的购买意愿

影响询单转化率的因素很多，网店客服人员可以从坚定客户的购买意愿着手，提高自身的询单转化率。所谓坚定客户的购买意愿，就是指尽可能地消除客户的各种拒绝购买的顾虑，不要让客户出现拒绝购买的想法。当客户主动向网店客服人员咨询时，说明客户已经产生了购买意愿，网店客服人员只要正确引导，成交的概率就很高。

一般来说，客户拒绝购买商品的理由通常有价格太高、想货比三家、担心商品等，网店客服人员可以从这3个方面着手，坚定客户的购买意愿。

（1）价格太高

价格太高是客户经常用来拒绝购买的理由，这时网店客服人员要仔细权衡。议价是一些客户的习惯性行为，这类客户可能购买意愿很强，但他们故意说"太贵了，我不买了"之类的话，目的是让网店主动降价。当然，还有一类客户确实觉得商品太贵了，如果能便宜一点就下单付款。

网店客服人员很难准确判断客户议价时的心理，在面对这类拒绝理由时，首先要了解与价格有关的一些问题。

● 网店的商品价格在整个行业的类似商品中处于什么水平？

● 网店竞争对手的定价区间是多少？

● 商品的最低价是多少？

- 商品的利润空间有多大？

- 商品对客户而言是必需品吗？

弄清楚上述几个问题的答案后，网店客服人员在面对因价格因素而拒绝购买的客户时，就可以利用商品的定价规则、商品定价的市场竞争力及商品面向的消费人群等知识来说服客户了。

（2）想货比三家

电子商务平台上的商品种类繁多，同类同款的商品数量也很多。客户可以对比同类同款商品的价格、质量等，从而挑选出满意的商品，而这对网店客服人员而言是一个很大的挑战。图8-6所示为在淘宝中搜索"××同款连衣裙"后出现的结果，从图中可以看出，销售同一件商品的网店是非常多的。

图8-6　在淘宝中搜索"××同款连衣裙"后出现的结果

网购使客户有了更多的选择，也方便客户以"我想看看其他家的商品"为借口拒绝购买。这无疑给网店客服人员的工作带来了巨大的挑战，但网店客服人员要切记，货比三家是客户的权利，网店客服人员不能强行要求客户购买。但是，网店客服人员也不应眼睁睁地看着客户流失，应当继续保持热情、主动、耐心的服务态度，展示商品优势，努力挽留想货比三家的客户。

网店客服人员在思考商品的独特优势时，可以从以下几个方面入手。

- 网店商品的卖点是什么，会给客户带来什么好处？

- 网店商品与其他网店的商品有什么不同，或在客户服务上有什么不同？

- 有哪些证据证明商品值得购买？

（3）担心商品

客户拒绝购买的另一个原因是对商品存在担心。客户的担心多集中在对商品质量不放心、对网购不信任、无法亲自检验商品等方面。网店客服人员在面对客户的担心时，首先要了解客户为什么不想买，找到原因后对症下药，消除客户的担心。图8-7所示为某网店客服人员成功消除客户担心的聊天场景。

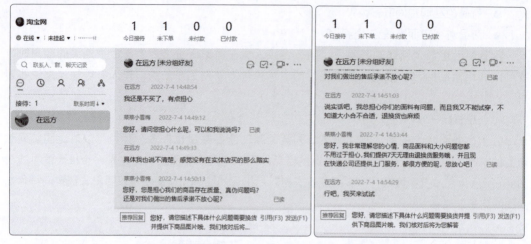

图8-7 某网店客服人员成功消除客户担心的聊天场景

2. 紧跟客户，使其完成付款

前面主要介绍了如何鼓励客户下单，但付款与否才是订单能否成交的关键，所以网店客服人员要在客户下单后紧跟客户，使其完成付款。一般来说，很多客户在拍下商品之后不会立即付款，要么时间一长就忘了付款一事，要么就是购买欲望不强了，这是令网店客服人员非常头疼的事情。这时，适当的催付必不可少。以下为网店客服人员可以使用的催付话术示例。

：您好，您在15:00之前完成付款，我们就可以为您安排今天发货，最近仓库发货繁忙，先付款先发货哟！

：您好！我是××店的客服人员小曼，您在我们店拍的商品还没有完成付款呢！这款商品正在热销，容易断货，不知道什么原因让您没有付款，有没有什么需要我帮助的呢？

：您好，我们店的周年庆活动马上就结束了哟！今天是活动的最后一天，抓紧付款哟！

：亲爱的，我们这款商品是促销商品，拍下就要抓紧时间付款哦，我们好尽快给您发货。若是对我们的商品有任何疑问，请随时问我。

：您好，您在××店拍下的××商品还没有付款。您是我们店的老客户了，我跟店长申请了专属价格，比您拍的时候低了不少呢！

：您好，在吗？您的订单还没有付款，核对信息无误后请及时付款，以免影响发货时间，谢谢亲的光临，祝您购物愉快！

：有喜欢的就付款带回家吧，您若是犹豫很久，回头再购买的时候不一定还有您要的尺码呢！

↘ 8.1.5 客服人员响应时间分析

网店客服人员响应时间的长短是网店客服人员是否在线、是否以最佳状态迎接客户的有力证据。网店客服人员的响应时间通常分为首次响应时间和平均响应时间。首次响应时间是指接待过程中，从客户咨询到网店客服人员回应第一句的时间差；平均响应时间是指网店客服人员每次回复客户所用时间的平均值。

表8-4所示为某网店的客服人员响应时间统计表。表中数据显示，个别网店客服人员的响应时间过长，可能原因是这些网店客服人员没有掌握有效的回复技巧、对快捷回复的设置不熟悉、打字速度慢或对商品不熟悉等。

表 8-4　某网店的客服人员响应时间统计表

旺旺	接待人数	总消息	客户消息	客服消息	答问比	客服字数	最大同时接待	未回复人数	回复率	慢响应人数	长接待人数	首次响应时间	平均响应时间	平均响应时长
小A	15	698	235	463	197.02%	5967	6	0	100.00%	0	3	1.62	28.02	16 分 8 秒
圆圆	35	1105	529	576	108.88%	8628	10	1	97.14%	0	4	23.96	28.43	8 分 54 秒
玲玲	33	1121	512	609	118.95%	9616	6	0	100.00%	0	7	32.45	31.57	10 分 45 秒
梦欢	12	335	154	181	117.53%	3879	3	0	100.00%	0	2	0.82	35.07	12 分 12 秒
小小	44	1172	556	616	110.79%	13144	6	0	100.00%	0	3	1.29	33.99	9 分 50 秒
婕婕	14	385	192	193	100.52%	5351	7	0	100.00%	0	2	11.67	43.65	16 分 51 秒
汇总	153	4816	2178	2638		46585	38	1		0	21			
均值	25.5	802.67	363	439.67	125.62%	7764.17	6.33	0.17	99.52%	0	3.5	11.97	27.61	12 分 27 秒

一般来说，网店客服人员的响应时间越短，留住客户的机会越大。图8-8所示为某网店的阿里旺旺人工响应时长数据，我们从中可以看出该网店客服人员的响应速度还有待提升，需要进一步掌握回复技巧、提高打字速度、掌握快捷回复的使用等。

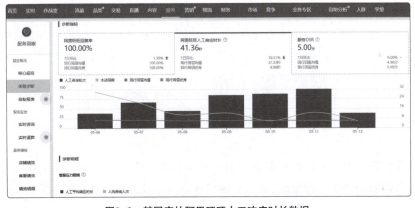

扫码查看彩色图片

图8-8　某网店的阿里旺旺人工响应时长数据

8.1.6　退款率分析

退款率是指网店近30天成功退款笔数占近30天支付交易笔数的比例，其计算公式为：
退款率＝近30天成功退款笔数÷近30天支付交易笔数×100%。网店客服人员的退款率就是经网店客服人员服务的退款订单数与总成交订单数的比例，图8-9所示为某网店的退款率概况。

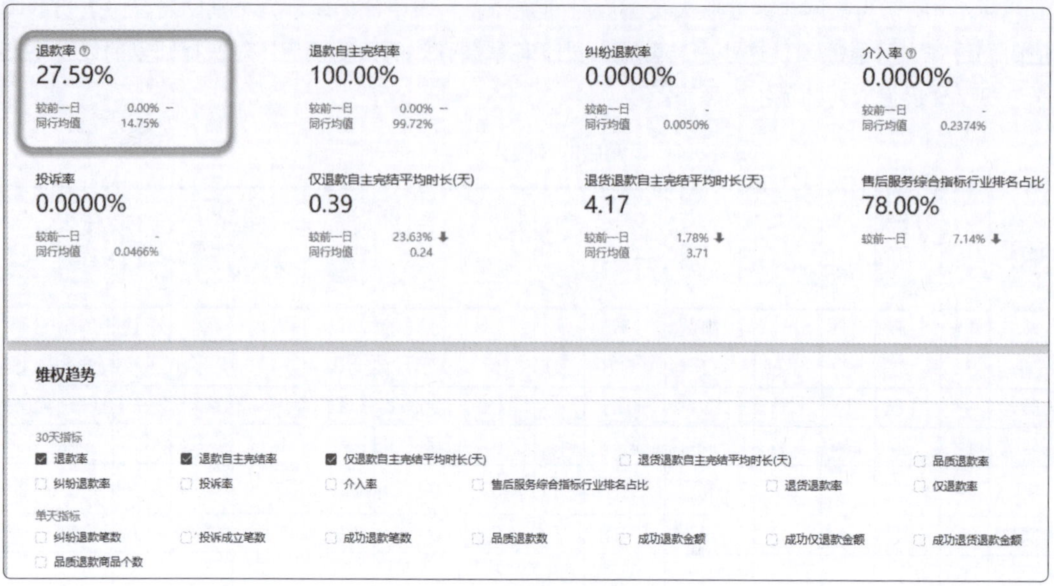

图8-9　某网店的退款率概况

从图8-12可以看出，该网店的退款率高于同行均值，因此该网店客服人员需要增强沟通的积极性，以降低退款率。在前面的章节中，我们学习了如何在售前降低客户的退款率，如降低客户的期望等。如果客户已经有了退款要求，网店客服人员该怎么做呢？

1．询问原因

网店客服人员一定要主动且耐心地询问客户想要退款的原因，分析客户所提出的问题是否能够解决，不能客户一提出退款要求就立刻答应。网店客服人员可以多采用下面的话术。

● 您好，方便告诉我您想要退款的原因吗？

● 我们没能为您带来完美的购物体验，真的十分抱歉，您可以告诉我们您不满意的原因吗？

● 您好，非常抱歉，是我们的商品或服务让您感到失望了吗？

2．尽量弥补

对于一些因为不满意商品质量而提出的退款要求，网店客服人员可以采取一些补偿措施来平衡客户心理，如直接返现补偿、赠送小礼品或将客户升级为会员、使客户享受专属特权等方式。

3．总结经验

网店客服人员每月按时整理出退货的订单及客户退货的真实原因，找出问题并逐一解决，退款率自然就会慢慢下降。比如，因为商品本身的质量问题而退货的情况较多，那么网店客服人员就需要向领导建议对商品进行升级。

8.2 监控客服数据

客服数据是网店对客服人员进行科学化考核的依据，能直观体现客服人员的问题所在。那么，客服数据可以从哪几个方面进行监控呢？网店一般可以通过使用"赤兔名品"绩效软件、查看聊天记录及查看网店数据报表等方式进行监控。

↘ 8.2.1 "赤兔名品"绩效软件监控

"赤兔名品"是一款基于淘宝平台的软件，用于全面记录网店客服人员的销售额及销售量、转化成功率、客单价/客件数、服务评价及接待压力等数据，并帮助网店分析客户流失的原因，进而提高网店的业绩。由于该软件不是千牛工作台的自带软件，因此需要先安装再使用。下面介绍安装并配置"赤兔名品"绩效软件的操作。

微课视频——"赤兔名品"绩效软件监控

（1）进入千牛工作台，将鼠标指针移至左侧列表中的"展开"按钮 ··· 上，在弹出的列表中单击"服务"按钮 ⬚，如图8-10所示。

（2）打开"服务市场"界面，在顶端的搜索框中输入软件名称"赤兔名品"，然后单击 搜索 按钮，如图8-11所示。

图8-10 单击"服务"按钮　　　　　图8-11 搜索"赤兔名品"

（3）在显示的搜索结果中选择"赤兔名品"选项，然后在打开的界面中选择该软件的服务版本和使用周期，如图8-12所示，最后单击 立即购买 按钮，根据提示成功付款后即可使用。

（4）进入"赤兔名品"绩效软件的主界面，其中包括店铺绩效、客服绩效、绩效明细、考核等多个功能模块，单击任意一个选项卡便可查看该功能模块的详细信息。图8-13所示为团队看板数据。

图8-12　购买软件

图8-13　团队看板数据

（5）单击主界面上方的"管理"选项卡，然后在打开的"旺旺管理"选项卡中单击 添加旺旺 按钮，如图8-14所示。

（6）打开"添加客服"对话框，单击选中要添加的客服名称，如图8-15所示，最后单击 添加 按钮完成客服的添加。

图8-14　单击"添加旺旺"按钮

图8-15　单击选中要添加的客服名称

（7）在"赤兔名品"软件的主界面中单击"客服绩效"选项卡，在该选项卡中可以通过左侧列表中的选项，查看并分析网店客服人员的询单、下单、付款、客单价、成功率、工作量等数据。这里选择"询单"选项，然后设置好查询时间和客服旺旺的名称，如图8-16所示，最后单击 查询 按钮，即可通过显示的查询记录，查询所选网店客服人员的询单情况。

图8-16　查询网店客服人员的询单情况

↘ 8.2.2　聊天记录监控

网店客服人员可以通过千牛工作台的子账号功能查看自己与客户的聊天记录。子账号功能不仅能够对网店客服人员进行管理，还可以对聊天记录、服务评价及操作日志等进行实时监控。下面将在千牛工作台中使用子账号功能查看并监控聊天记录，具体操作步骤如下。

微课视频——聊天记录监控

（1）进入千牛工作台主界面，在左侧的列表中选择"店铺"选项，在打开的列表中选择"店铺管理"栏下的"子账号管理"选项，如图8-17所示。

图8-17　选择"子账号管理"选项

（2）打开"子账号管理"界面，单击"聊天"选项卡，如图8-18所示。

图8-18　单击"聊天"选项卡

（3）打开"聊天记录查询"界面，在"员工账号"文本框中输入要监控的员工账号，在右侧的日期列表中选择要查询的日期，然后单击 查询 按钮，如图8-19所示。

（4）"聊天记录详情"栏中将显示该网店客服人员的聊天记录，图8-20所示为某网店客服人员的部分聊天记录。通过查看该网店客服人员的部分聊天记录，客服主管或店长可以了解该网店客服人员工作中的不足之处，然后有针对性地帮助其改进。

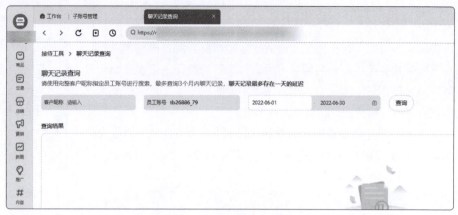

图8-19　搜索要监控的员工账号

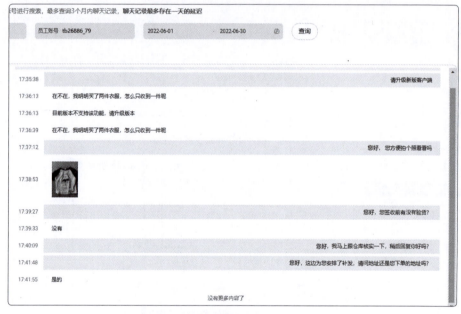

图8-20　某网店客服人员的部分聊天记录

↘ 8.2.3　网店数据报表监控

电子商务平台比较大的一个优势是可进行数据跟踪，数据跟踪较为直接的方式就是查看数据报表。客服主管或店长可以通过生意参谋服务模块中的"自制报表"功能来监控客服数据。

"自制报表"功能的使用方法非常简单，具体操作为：进入生意参谋主界面，单击上方的"服务"选项卡，在打开界面的左侧列表中选择"自制报表"选项；进入"自制报表"界面，单击"报表设计"选项卡，如图8-21所示；单击"立即新建"超链接，打开"新建报表"对话框，如图8-22所示，在其中设置报表名称及报表说明，单击█████按钮；进入"报表设计"界面后，商品默认部分字段供参考，网店客服人员可单击选中左侧的报表名称来选择对应的指标集合，然后单击选中右侧的复选框来选择需要的指标，如图8-23所示；报表设计完成后，即可进入"报表查看"界面查看数据报表产出详情。

图8-21　单击"立即新建"超链接

图8-22　"新建报表"对话框

图8-23　选择需要的指标

知识补充

报表设计指标

　　某个指标集合选择完成后，可再添加其他指标集合中的指标。指标被选中后，将在"已选指标"栏中展示，如不需要某个指标，可直接在"已选指标"栏中单击对应的▣按钮将其删除。设置完成后，点击右上角 保存报表 按钮保存。

　　生意参谋中"自制报表"板块中的报表分为列表式和统计图表式两种查看方式。列表式如

图8-24所示，右侧为操作控制板块，我们可以根据实际需要选择昨日、近7天、近30天及自定义数据周期等维度查看数据；统计图表式如图8-25所示，该方式可提供部分指标的同行同层对比数据，方便对比，我们可以通过图中红框位置的字段来选择相应指标字段。

报表查看　报表设计				
统计时间 2022-08-15				
08161				
日期	客服销售额	平均响应时长（秒）	首次响应时长（秒）	答问比
2022-08-15	—	—	—	—
汇总值	420.45	15.45	10.95	2.12
平均值	60.85	15.45	10.95	2.12
全店汇总值	1524.45	26.45	19.45	1.41
全店平均值	45.80	26.45	19.45	1.41
同行同层优秀	524.45	10.80	10.45	2.19
同行同层均值	65.80	10.80	10.45	1.21

图8-24　列表式

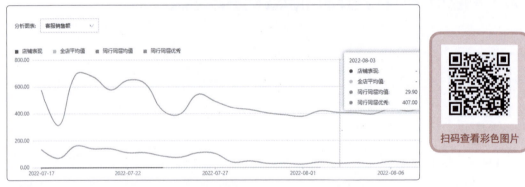

图8-25　统计图表式

扫码查看彩色图片

实训演练——分析并监控网店客服数据

【实训背景】

近来，某淘宝服装网店的离职率较高，客户对网店客服人员的评分有所下降，于是店主决定查看并分析相关客服数据，对症下药，提高客户服务质量。图8-26所示为该网店客服人员的咨询相关数据，图8-27所示为该网店销售量较高的客服人员和销售量较低的客服人员与客户的聊天记录。

图8-26　该网店客服人员的咨询相关数据

图8-27　该网店销售量较高的客服人员和销售量较低的客服人员与客户的聊天记录

【实训要求】

查看该网店的相关数据，分析该网店的客服人员存在的问题，并提出解决方案。

【实训目标】

（1）能根据客服数据分析问题。

（2）能根据网店客服人员与客户的聊天记录监控客户服务情况。

【实训步骤】

（1）分析客服问题。我们从图8-26中可以看出3个问题：一是该网店的客服人员的回复率低于同行同层均值，有待提高；二是网店客服人员的响应时间较长，未能及时响应客户；三是该网店客服人员的服务评分低于同行同层均值，也有待提高。从图8-27中可以看出，该网店销售量较高的客服人员不仅做到了及时响应客户，还时刻保持主动、热情、耐心、专业的服务态度；而该网店销售量较低的客服人员不仅服务态度冷淡，甚至不回复客户，服务质量差。

（2）提出解决方案。该网店客服人员的服务质量总体不高，店长或客服主管可以采取以下措施来提高客户服务质量。

- **组织客户服务相关的培训**：店长或客服主管可以组织网店客服人员参与培训，待考核通过后再上岗。
- **采取奖惩措施**：店长或客服主管可以以月为单位考核网店客服人员，对业绩高且服务质量高的网店客服人员给予奖励，反之则给予一定程度的惩罚。

案例分析——责任在我心，担当我先行

2016年，原从事销售岗位的黄某成为了一家品牌网店的客服人员，在之前她从来没有接触过客服这一行业。刚刚入行的她，努力奋斗、坚持不懈，一年时间就从客服队伍中脱颖而出，成功晋升为网店的客服主管。在带领新人时，为了新人能快速、顺利转正，有责任心的她每天都整理培训资料到很晚。黄某经常告诉新人，客服工作就像是种树，短暂的时间内看不到成果，但是只要坚持、努力，小树也有长成参天大树的一天。

工作之余的黄某很爱研究，喜欢创新，一直在开拓中坚守，在曲折中前进。为了提高客服人员的工作效率，她经常浏览各种微信公众号，查看能提高客服人员工作效率的方法。为了让客户更加满意客服人员的服务，她还喜欢分析客服数据，希望用数据解决客服人员存在的问题。2022年，在一次大促活动开始的前几天，为了让客服人员以积极的工作状态迎接大促活动，她每天都会在系统后台导出客服数据并分析。一天，在分析客服数据时，她发现了不对劲的地方：客服人员小慧不仅响应时间变长了，还出现了未接待客户的情况。为了查出原因，黄某在午休时找到了小慧，经过沟通才知道，原来小慧在生活中遇到了一些难题，因此工作状态不太好。经过黄某的开导，小慧的脸上才重现笑容。后续黄某在观察客服数据时，发现小慧的工作状态比之前更好了，销售量和客户评分都有了大幅提高。在这次大促活动结束后，黄某所带领的客服团队的销售量和客户评分是最高的，有两位新人还获得了"优秀新人奖"。

除了关注数据，黄某也非常关注客服人员本身。为了打造部门文化、增强团队凝聚力，黄某经常在工作之余组织客服人员一起参加户外活动；为了培养客服人员思考与探索自我的能力，黄某还为每个客服人员制订了成长计划，每天同步每个客服人员的绩效目标值，让客服人员知晓自己与下一个目标的距离。在这样的督促和陪护下，她所带领的客服人员进步非常快。

黄某自从事网店客服工作以来，在助力网店发展的道路上，坚持承担责任、勇于追求、全力以赴，为客户优质的购物体验和客服人员的茁壮成长保驾护航。

点评：案例中的黄某是一名非常优秀的网店客服主管，她不仅爱岗敬业、恪尽职守，还带领客服人员在客户服务的道路上不停前进。在多年的客服工作中，黄某时刻保持对工作的热情，在平凡的岗位上把自己的价值发挥到了极致。

课后练习

1. 选择题

（1）[单选]下列有关网店客服人员接待数据的公式中，正确的是（　　）。

    A. 咨询人数 = 接待人数 + 接待过滤人数

    B. 接待人数 = 咨询人数 + 接待过滤人数

    C. 询单人数 = 接待人数 + 询单过滤人数

    D. 咨询人数 = 接待人数 + 询单人数

（2）[单选]网店通过页面将商品展示给客户，客户阅读商品详情页中的信息后自行下单购买商品，这种以自助选购的方式销售出的商品数量称为（　　）。

    A. 网店总销售量　　　　　　　　　B. 客服人员销售量

    C. 静默销售量　　　　　　　　　　D. 网店月销售量

（3）[多选]网店客服人员接待分析，主要是指对（　　）的分析。

    A. 咨询人数　　　　B. 接待人数　　　　C. 询单人数　　　　D. 下单人数

（4）[多选]要想监控客服数据，可以从（　　）等方面入手。

    A. "赤兔名品"绩效软件　　　　　　B. 客户评分

    C. 网店数据报表　　　　　　　　　D. 查看聊天记录

2. 填空题

（1）影响网店销售数据的因素有多种，其中，_____是对网店销售情况最直接的反映。

（2）客单价是指客户在网店中的平均消费金额，计算公式为：_____。

（3）_____是指客户进入网店后，通过咨询网店客服人员完成商品交易的情况，即咨询网店客服人员后下单成交的客户数与进行询问的总客户数的比例。

（4）退款率是指网店_____成功退款笔数占近30天支付交易笔数的比例。

（5）生意参谋中"自制报表"板块中的报表分为_____和_____两种查看方式。

3. 判断题

（1）个人销售额占比（即个人销售额占团队销售额的百分比）= 网店客服人员的个人销售额 ÷ 网店客服团队销售额。（　　）

（2）一般来说，网店客服人员销售量占网店总销售量的70%是较正常的水平。（　　）

（3）网店客服人员的退款率就是经网店客服人员服务的退款订单数与总成交订单数的比例。（　　　）

（4）一般来说，网店客服人员的响应时间越短，留住客户的机会越大。（　　　）

4. 简答题

（1）什么是客单价，如何提高网店客单价？

（2）什么是退款率，如何降低退款率？

（3）简述监控客服数据的方法。

5. 实践题

（1）在千牛工作台中查看网店客服人员与某位客户的聊天记录，并分析该网店客服人员存在的问题。

（2）在千牛工作台中安装并配置"赤兔名品"绩效软件。

（3）图8-28所示为某网店的相关数据，请试着分析其网店客服人员存在的问题。

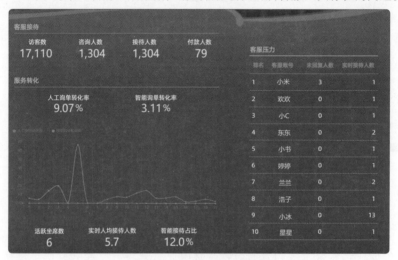

图8-28　某网店的相关数据

09

第9章
效率手册——管理网店
客服人员

引导案例

"喵喵宠物用品"是一家主营宠物猫用品的网店，开业3年来，网店事业蒸蒸日上。但店长李某却发现，近一年内网店客服人员的离职率非常高，并且在转正后一两个月内流失的概率最高。新进的网店客服人员通常会先接受一些制度、流程方面的培训，然后上岗操作。上岗后，许多网店客服人员就有了自己开网店当老板的想法。除此之外，还有一些网店客服人员反映岗位劳动强度大、销售任务重，薪酬、福利与工作量不成正比。

经过分析总结后，李军认为网店要想持续发展下去，就要科学管理网店客服人员。于是，在和几位管理人员商量后，李军重新制定了网店的管理制度和更公平的客服绩效考核标准，以及能提高网店客服人员执行力的激励机制。除此之外，李军还对员工的工作环境进行了改善。一番操作后，李军发现客服岗位的离职率降低了，网店的销售额也有了提升。

由此可见，一支优秀的客服团队，将会对网店的顺利发展起到保驾护航的作用。科学管理网店客服人员，不仅可以激发网店客服人员的工作热情，营造团结和谐的团队氛围，还能起到提高网店业绩的效果。

学习目标

* ★ 熟悉网店客服人员日常管理的相关事宜。
* ★ 掌握网店客服人员培训与考核的方法，利用科学的方法提高网店客服人员的工作效率。
* ★ 掌握网店客服人员激励机制的制定方法。

素养目标

* ★ 培养科学管理团队的意识，提高客服团队的服务质量。
* ★ 增强团队协作意识，树立团队精神。

9.1 网店客服人员的日常管理

网店客服人员的重要性不言而喻，对网店客服人员的管理也并非一朝一夕就能完成的，这是一个长期工作。一般来说，对网店客服人员进行日常管理，需要侧重于客服日常管理原则、网店客服人员的执行力和网店客服人员的成长跟踪3个方面。

↘ 9.1.1 客服日常管理原则

网店客服管理人员要想在日常管理中提高网店客服人员的整体素质，首先应当遵守一些管理原则。一般来说，客服日常管理原则主要包括网店工作分配原则、排班原则、数据监督原则及客户投诉处理原则。

1. 网店工作分配原则

网店工作分配是指网店客服管理人员对网店客服人员工作的分配，具体分配时网店客服管理人员应遵循以下3个原则。

- 根据类目和咨询量来分配，遵守专属服务原则。
- 确保每个网店客服人员的日咨询量在300人左右，超量则考虑添加网店客服人员。
- 基本上一个小组负责一个网店，一个网店最少安排2～3名客服人员。

2. 排班原则

为了保证网店客服人员有充沛的精力投入工作，保障各部门有序、高效地运作，网店客服管理人员在对网店客服人员进行排班时，应遵循以下原则。

- 每个网店客服人员的休息时间应相同，差异不要太大。
- 优先考虑专人做专事，确保每个网店客服人员负责自己熟悉的模块。
- 每个网店客服人员的咨询量尽量相等，避免出现严重失衡情况。

3. 数据监督原则

网店客服管理人员要学会观察数据，这是至关重要的，因为数据可直观地体现网店客服人员存在的问题。因此，网店客服管理人员在进行数据监督时，应遵循以下3个原则。

- 优先挑选重点网店数据进行监督。
- 定期监督，可以设定一周3次左右的监督次数。
- 数据一定要落实到个人，紧抓个人问题并督促及时改善。

4. 客户投诉处理原则

网店客服管理人员在处理客户投诉时可以遵循以下3个原则。

- 必须在两小时内找出发生问题的根本原因，并在24小时内给出最终处理结果与方案。
- 及时找出客户投诉的责任人，并落实改善措施。
- 主动向店长或客服主管反馈客户投诉的处理情况。

↘ 9.1.2　网店客服人员的执行力

网店的销售目标和任务，最终由网店客服人员执行并完成，网店的利润水平在一定程度上反映为网店客服人员执行并完成任务的能力。因此，提高网店客服人员的执行力是网店发展的必要战略。

若要对网店客服人员的执行力进行考察与管理，可以利用关键绩效指标（Key Performance Indicator，KPI）考核法，即将网店客服人员需要完成的工作以指标的形式罗列出来，对工作进行量化，从而使网店客服人员从无关紧要的琐事中解脱出来。询单转化率、落实客单价及首次响应时间等指标均是关键绩效指标。表9-1所示为某淘宝网店的KPI考核表，仅供参考。

表 9-1　某淘宝网店的 KPI 考核表

岗位名称：			姓名：		考核时间：		
序号	考核内容	权重	详细描述	标准	分值	得分
1	询单转化率（X）	30%	咨询后付款客户数 ÷ 总咨询客户数 ×100%	$X \geqslant 65\%$	100	
				$65\% > X \geqslant 60\%$	90	
				$60\% > X \geqslant 55\%$	80	
				$55\% > X \geqslant 45\%$	75	
				$X < 45\%$	65	
2	支付率（F）	25%	支付成交客户数 ÷ 拍下商品的客户数 ×100%	$F \geqslant 95\%$	100	
				$95\% > F \geqslant 90\%$	90	
				$90\% > F \geqslant 85\%$	80	
				$85\% > F \geqslant 80\%$	60	
				$F < 80\%$	0	
3	落实客单价（Y）	5%	客服人员落实客单价 ÷ 网店客单价	$Y \geqslant 1.18$	100	
				$1.18 > Y \geqslant 1.14$	90	
				$1.14 > Y \geqslant 1.12$	80	
				$1.12 > Y \geqslant 1.1$	60	
				$Y < 1.1$	0	
4	首次响应时间（ST）	15%	第一次回复客户用时的平均值（单位为秒）	$ST \leqslant 15$	100	
				$20 > ST > 15$	90	
				$25 > ST \geqslant 20$	80	
				$30 > ST \geqslant 25$	60	
				$ST \geqslant 30$	0	

岗位名称：			姓名：		考核时间：		
序号	考核内容	权重	详细描述	标准		分值	得分
5	平均响应时间（PT）	10%	每次回复客户用时的平均值（单位为秒）	$PT \leqslant 30$		100	
				$35 \geqslant PT > 30$		90	
				$45 > PT > 35$		80	
				$55 \geqslant PT \geqslant 45$		60	
				$PT > 55$		0	
6	售后处理	5%	客户投诉率（投诉客户数÷总接待客户数×100%）	$\leqslant 5\%$		100	
7	日常管理工作	10%	处世能力（25%）			100	
			纪律性（50%）				
			团队合作（25%）				
8	总得分						

客服经理审批：

被考核人签字：

网店客服管理人员可以利用以下4种途径提高网店客服人员的执行力。

- **薪酬福利**：薪酬福利刺激是提高网店客服人员执行力的有效方法。网店客服人员的收入是他们生活的保障，如果基本的生活质量都无法保证，何来精力面对工作呢？因此，网店客服管理人员在设定网店客服人员薪酬时，要注意公平、公开，设置合理、科学的薪酬结构。
- **职位升迁**：职位升迁是指网店客服人员由原来的岗位到另一个较高级别的岗位，这样既能挖掘网店客服人员工作的潜力，又能增强网店客服人员工作的积极性。
- **工作环境**：网店客服人员的工作环境会对其工作状态产生直接影响，积极的环境会刺激网店客服人员不断努力攀登，而在消极环境中，网店客服人员对于工作往往会表现出消极怠工、尽量推诿的状态。因此，网店客服管理人员一定要营造出积极向上、轻松愉快的工作环境，这对于提高网店客服人员的执行力有很大的帮助。
- **职工关怀**：作为网店客服管理人员，要让网店客服人员感受到温暖，要贴心为网店客服人员考虑，如进行生日慰问等，网店客服人员感受到来自网店的温暖后，就会更积极地面对自己的工作，执行力自然会提高。

↘ 9.1.3　网店客服人员的成长跟踪

网店客服人员是不断成长的个体，其成长需要经验的累积。一般来说，网店客服人员的成长可以分为阶段性成长、3个月内成长和一年内成长3个阶段。所处成长的周期不同，制定的成长目标也不同。表9-2所示为某网店的客服人员的成长跟踪表。

表9-2　某网店的客服人员的成长跟踪表

阶段性成长目标	3个月内成长目标	一年内成长目标
□了解电子商务平台基本情况 □了解企业文化 □熟悉行业基本知识 □了解公司商品，并能熟记商品信息 □熟悉后台操作，打字速度为60个字左右/分钟 □了解客服人员的基本话术	□能将客户咨询分流到售前或售后 □熟悉商品，了解商品卖点，熟悉基本话术，并能处理简单的客户问题 □熟悉售后流程，包括退换货、物流查件和投诉维权等的流程，并能开始独立接待客户 □能总结出便捷、实用的服务方式 □可以进行中等难度的电话交流	□咨询转化率达到50%以上，能清楚了解客户需求 □熟悉商品以及套餐搭配，熟悉单价高、利润高的商品 □能有效提高付款率，掌握订单催付的能力和技巧 □接待服务满意度高，回答问题时思路清晰 □熟悉后台操作，打字速度能达到100字/分 □能主动跟进特殊情况导致的售后问题，提高回购率

知识补充

培养客服文化

　　文化是一种无形资产，也是一种潜在投资。培养客服文化有利于形成高效的服务团队和客服人员之间沟通的"准则"，同时降低沟通成本、提高工作效率。客服文化应与网店所形成的具有自身特点的经营宗旨、价值观念和道德行为准则相关，网店客服管理人员可以通过宣传栏、文体活动和管理制度等途径来培养客服文化。

9.2　网店客服人员的培训与考核

　　培训与考核网店客服人员，有利于打造一支专业、高素养的客户服务队伍。一般来说，网店客服人员的培训与考核包括网店基本制度的培训与考核、新员工的培训与考核、网店客服人员技能的培训与考核、网店客服人员业务的培训与考核及网店客服人员职业价值观的培训与考核5个方面。

9.2.1　网店基本制度的培训与考核

　　任何一个网店都应该重视制度建设，完善的制度是网店正常安排工作和发展的必要保证，因此，安排新入职的网店客服人员学习网店的基本制度是很有必要的。网店的基本制度一般包括日常工作规范、工作守则、行为准则、工资待遇及奖惩规定等内容，表9-3所示为某网店的基本制度。

表9-3　某网店的基本制度

第一章　总则
为加强网店的规范化经营管理，提高工作效率，特制订本制度。

第二章　工作守则和行为准则
1．每位员工都要有高度的责任心和事业心，处处以网店的利益为重，为网店和个人的发展而努力工作。
2．牢记"客户第一"的原则，主动、热情、周到地为客户服务，努力让客户满意，维护好网店的形象。
3．热爱学习、勇于创新，员工要通过学习新知识使个人专业知识和素质与网店发展保持同步。
4．讲究工作方法和工作效率，明确效率的重要性。
5．要有敬业和奉献精神，满负荷、快节奏、高效率及高度的责任感是对网店客服人员提出的基本要求。
6．具有坚韧不拔的毅力，要有战胜困难、挫折的信心和勇气。
7．要善于协调、融入集体，有团队合作精神和强烈的集体荣誉感，分工不分家。
8．要注意培养良好的职业道德和正直无私的个人品质。
9．明确网店的奋斗目标和个人的工作目标。
10．遵守劳动纪律，不迟到、不早退、不旷工、不脱岗、不串岗。
11．精益求精，不断提高工作绩效。
12．必须严格遵守网店的日常工作纪律及行为规范。
13．必须服从网店的组织领导与管理，对于未经明示的事项，应及时请示，遵照指示办理。
14．必须尽职尽责、精诚合作、敬业爱岗、积极进取。
15．应严格保守客户的资料信息，不得外泄。
16．必须勤奋好学，精通本职工作，并通过学习提高自身的素质。
17．严禁一心多用，不得在工作过程中兼顾其他非工作内容。

第三章　工资待遇
网店实行"按劳取酬、多劳多得"的分配原则。
1．工龄补助：在网店工作两年及以上的员工，每年发放 _____ 元的工龄补助。
2．每月底薪 _____ 元加上销售额的 _____%。
3．每月业绩奖根据业务指标确定。
4．特别奖根据综合表现确定，每月发放。
员工工资发放形式及日期：采用月工资制，于每月月底发放。
工资实行保密制度，员工个人工资对其他员工保密。如员工对其工资有异议，请直接与客服经理联系。

续表

第四章 奖惩规定

一、奖励

奖励分为业绩奖、特别奖。奖励方式为奖金。

1．业绩奖：对单位时间内完成一定业绩的员工给予奖励。

2．特别奖：对工作勤奋、业绩突出、工作态度好和有其他特殊贡献的员工给予奖励。

二、处分

员工有下列行为之一，将视情节、后果和态度等予以处分，造成损失的要给予赔偿。

（一）工作失误

1．计价失误。

2．没有落实客户的要求，但在沟通过程中已明确客户的需求，或同意满足客户提出的附加要求。

3．订单内容与实际不符，没有履行或没有正确履行职责。

4．出现服务怠慢等工作态度问题致使客户退货，信用评价为中差评。

（二）工作态度差

1．影响工作秩序。在工作场所或工作时间内吵闹、嬉笑,玩忽职守,或有其他妨碍他人正常工作的行为。

2．不完成合理的工作任务。

3．工作时间占用大量时间或资源娱乐。

4．故意填报不正确的信息资料，擅自篡改记录或伪造各类资料。

第五章 日常工作规范

1．上班时间：白班 8:00—15:30，晚班 15:00—22:30。每周休息时间由组长安排。晚班的下班时间原则上为 22:30，如还有客户咨询，工作时间自动延长。上白班的网店客服人员在下班前要和上晚班的网店客服人员做好工作交接，上晚班的网店客服人员在下班前要把交接事项写在交接本上。

2．网店客服人员上下班时应在考勤本上登记，迟到一次要扣除一定的考勤分数，超过 30 分钟算缺勤；请假和调休需事先经上级领导同意，未经请示自行休息按旷工处理。网店客服人员每月有 4 次调休机会，超过 4 次的，每请假一次按缺勤一次处理。

3．上班时间网店内客服人员应保持千牛工作台在线，如发现值班网店客服人员未登录千牛工作台，特别是中午时间，每月累计 3 次且无特别原因，则算作缺勤。

4．没有客户咨询的时候，网店客服人员要进一步了解商品的专业知识，扫除知识盲点。

5．网店客服人员应接待好每一位客户，文明用语、礼貌待客、热情服务，不得损害网店形象。

6．网店客服人员应保持桌面整洁，保持办公室卫生，每天上班时要轮流打扫办公室。

↘ 9.2.2 新员工的培训与考核

新员工的培训与考核主要包括商品信息、后台操作规则、回复技巧及与客户沟通过程中的注意事项等内容。图9-1所示为新员工的培训与考核。新员工完成培训后，网店客服管理人员要通过技能考核记录表和商品考核记录表对新员工的培训结果进行评估。

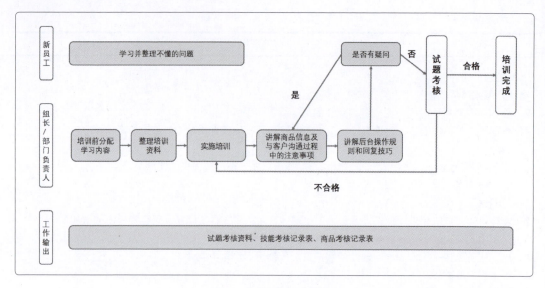

图9-1 新员工的培训与考核

↘ 9.2.3 网店客服人员技能的培训与考核

网店客服人员技能的培训与考核主要包括基础操作、聊天操作和知识技能3个方面。

1. 基础操作

基础操作主要是指网店客服人员的打字速度。网店客服人员的打字速度要快，一般以80字/分为合格，最好能够盲打。

2. 聊天操作

聊天操作是指在千牛工作台上的常见操作，包括聊天设置、群发消息、快捷操作、新建群及设置个性签名等内容。其中，设置快捷短语尤其重要，该操作不仅可以减少重复输入，而且可以提高工作效率。

3. 知识技能

网店客服人员的工作是烦琐而复杂的，其知识技能主要包括对商品的熟悉、对客户的分析和对话术的整理3个方面。

- 对商品的熟悉：商品信息是网店客服人员必须掌握的基础知识，如商品的颜色、款式、尺码大小、销售量和评价等。例如，售前客户咨询的问题基本都是围绕商品展开的，网店客服人员回答客户问题时要游刃有余，这样不仅能够体现出自己的专业性，还能节省销售过程中查询的时间。

- 对客户的分析：网店客服人员与客户的聊天大多通过千牛工作台完成，客户的需求通常会在字里行间反映出来，因此，网店客服管理人员需要着重培训网店客服人员把握客户需求的能力。

- **对话术的整理**：网店客服人员若要提高工作效率，整理并使用话术是十分有必要的。市场在变化，网店的各种活动也在不断更新，因此网店客服人员的话术也要随之调整。网店客服人员需要根据商品、市场变化来调整话术，同时，网店客服管理人员也要定期检查网店客服人员的话术，以免因话术过时造成不必要的损失。例如，某网店客服人员在年中大促时，将欢迎话术设置为"您好，欢迎光临小店，本店活动期间满2件打9折、满3件打8折、满4件打6折，赶快来选购吧"，如果网店客服人员在促销活动结束之后忘记更改话术，可能会导致很多订单产生纠纷。表9-4所示为某网店的客服人员技能培训与考核表。

表 9-4　某网店的客服人员技能培训与考核表

技能	考核点	细则	参考答案	考核结果	
				自我评价	主管评价
基础操作	打字速度	初级网店客服人员≥80字/分	使用金山打字通测试3次，取平均值		
聊天操作	千牛工作台常见操作	设置个性签名	打开"系统设置"对话框→接待设置→个性签名→新增		
		设置挂起	单击聊天窗口左上角的"未挂起"下拉列表→选择"挂起"选项		
		设置自动回复	打开"系统设置"对话框→接待设置→单击 自动回复 按钮		
		查看聊天记录	选择联系人→单击"查看消息记录"按钮 ⊙▾		
		设置快捷短语	单击联系人→单击聊天窗口下方的"打开快捷短语"按钮 ⊙→新增→保存		
		创建群	单击联系人窗格中"我的群"按钮 ⊠→创建群→开始创建→创建		

↘ 9.2.4　网店客服人员业务的培训与考核

网店客服人员业务的培训与考核主要包括商品属性、商品热卖点、日常交接工作、好评返现和赠送礼品等内容，网店客服人员业务培训考核表如表9-5所示。

表 9-5　网店客服人员业务培训考核表

考核内容		是否合格		
商品方面	商品属性	是	否	
	商品热卖点	是	否	
日常交接	日常或售后交接人上班时间	是	否	
	日常或售后交接人	是	否	
网店情况	发票或收据问题	是	否	
	发货时间	是	否	
	默认快递及邮费	是	否	
	备选快递及邮费	是	否	
	发货或退换货地址	是	否	
	赠送礼品	是	否	
	好评返现	是	否	
	打包方式	是	否	
	网店客服人员权限	是	否	
网店客服人员操作	整理快捷语	是	否	
汇总	合格率			

备注：合格率低于 80% 的不予通过，需重新考核；合格率大于等于 80% 的即可通过

↘ 9.2.5　网店客服人员职业价值观的培训与考核

职业价值观是一个人对其职业的认识和工作态度，以及对职业目标的追求和向往的具体表现，通俗地讲就是支配一个人工作的信念。网店客服人员的职业价值观主要表现在以下几个方面。

● **诚实守信**：诚实守信是网店客服人员职业价值观的核心内容，网店客服人员无论是对客户还是对同事都应该做到诚实守信、不欺骗，承诺过的事努力做到，以树立网店诚信经营的形象。

● **客户第一**：客服工作具有服务性质，服务对象是不计其数的客户，而客户的购买习惯和购物偏好不同，网店客服人员要秉承"客户第一"的职业价值观，尽自己最大的努力让客户拥有良好的购物体验。

● **团结互助**：团结互助即网店推崇的团队精神。客服团队是使整个网店正常运转的润滑剂，因此团队协作是必不可少的。员工融入一个团队后，势必会被它的工作氛围所感

染，一个具有主人翁意识、积极向上、努力奋进的团队是网店所希望拥有的。

● **爱岗敬业**："干一行、爱一行"是一个人应该具有的职业精神，网店客服人员也不例外，对自己所从事工作的热爱与忠诚是支撑网店客服人员努力工作的动力，也是网店客服人员在工作中不断要求自己进步的动力。

● **勇攀高峰**：勇攀高峰的职业价值观是网店客服人员进步的必要源泉，网店客服管理人员要科学、合理地为网店客服人员制定销售目标和销售战略，让网店客服人员随时保持上进心。

9.3 制订客服激励机制

客户服务并不是一件轻松的事，繁忙的工作和大量的负面情绪会让网店客服人员感到厌倦、失落、缺乏活力。此时，网店客服管理人员应采取必要的激励机制，帮助网店客服人员应对负面情绪。

↘ 9.3.1 竞争机制

优胜劣汰是永恒的规律，制订竞争机制是网店客服管理人员科学管理网店客服人员的手段。竞争机制在网店中一旦发挥良性作用，网店的客服团队管理就会更加顺畅高效。良性的竞争会促使网店客服人员之间进行比较，从而促使网店客服人员不断发现自身的不足，并产生不断提高自己的技能、优化客户服务能力的动力。可这种竞争机制一旦失衡，就会产生网店客服人员之间钩心斗角、心理压力增大等负面影响。

科学有效的竞争机制一定要以有说服力的数据为支撑，也只有科学合理的竞争才能让网店客服人员不断督促自己。表9-6所示为某网店客服人员的工作数据对比表。这些数据如实地反映了网店客服人员的工作能力和状态。以这些数据为依据，网店客服管理人员不仅可以使网店客服人员之间形成良性竞争，还可以及时发现客服人员工作中的不足。

表9-6 某网店客服人员的工作数据对比表

姓名	销售额/元	咨询人数	成交人数	询单转化率	平均响应时间/秒	客单价/元	退款率
小宇	32500	500	200	40%	45	162.5	1.2%
小丽	10850	600	400	66.7%	28	27.125	0
小亮	25680	500	300	60%	36	85.6	0.8%
小健	25638	800	300	37.5%	40	85.46	2.3%
小丹	2200	100	50	50%	32	44	3%

↘ 9.3.2 晋升机制

员工晋升是指员工由较低层级的职位上升到较高层级的职位的过程。为了充分调动网店客服人员的主动性和积极性，打造团结互助、战斗力卓越的团队，真正实现网店客服人员在网店中的个人价值，制订公平、公正的晋升机制是很有必要的。制订晋升机制应遵循以下5点原则。

● 规范人才培养、选拔和任用制度，推动管理人员不断提高管理水平。
● 根据绩效考核结果，员工职位可升可降。
● 职位空缺时，首先考虑内部员工有无合适人选，在没有合适人选时，再考虑从外部招聘。
● 树立员工学习的标杆，不断引导其他网店客服人员向其学习，促进网店的持续发展。
● 建立管理人员晋升通道，激励员工不断提高业务水平，以卓越的现场管理能力推动网店的发展。

在实际工作中，网店客服人员的晋升主要分为逐级晋升和薪酬晋升，二者不可拆分。当网店客服人员的职位提升时，相应的待遇也应得到改善。图9-2所示为某网店的客服人员晋升路径，其他网店可参考其中的职位及考核标准。

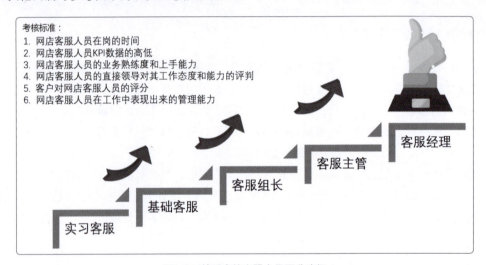

图9-2　某网店的客服人员晋升路径

 知识补充

局部晋升机制

遵循整体晋升和局部晋升相统一的原则，可以使得晋升机制更加完善。除了图9-2所示的层级性晋升机制以外，网店还可以从不同的维度来管理网店客服人员。例如，以时间或贡献为基准，网店客服管理人员可以将基础客服人员分为试用期客服人员、铁牌客服人员、铜牌客服人员、银牌客服人员、金牌客服人员等。

9.3.3　奖惩机制

网店客服人员的能力参差不齐，有的认真负责、热情踏实，有的则缺乏耐心、粗心大意。

为了让整个客服团队保持积极向上的工作作风，网店还需要制订奖惩机制。网店一般会采取精神奖励和物质奖励两种形式。在调动人的积极性方面，精神奖励和物质奖励缺一不可，一般以精神奖励为主、物质奖励为辅。

1. 精神奖励

精神奖励能够激发员工的荣誉感、进取心和责任心。从心理学的角度看，精神奖励可使人产生愉快的感受，任何人都希望得到他人的赞赏，这是一种普遍的心理状态。表9-7所示为某女装网店对客服人员的精神奖励标准。

表9-7 某女装网店对客服人员的精神奖励标准

奖项名称	获奖标准
最佳新人奖	（1）工作时间未满3个月，但已转为正式员工 （2）在职期间出勤率高，无迟到、早退、旷工等现象 （3）工作态度认真，注重服务礼仪 （4）具有较强的工作能力，能保质保量地完成本职工作 （5）能维护网店形象，妥善处理各种关系 （6）客户对其满意度高，销售业绩在全体网店客服人员中排在前20%
优秀员工奖	（1）工作6个月以上，且为正式员工 （2）在职期间出勤率高，无迟到、早退、旷工等现象 （3）具有较强的工作能力，尽职尽责，询单转化率、落实客单价及平均响应时间等指标均在全体网店客服人员中排在前20% （4）客户对其满意度较高，能维护网店形象，妥善处理各种关系
杰出员工奖	（1）工作1年以上，且为正式员工 （2）曾获优秀员工奖或最佳新人奖 （3）熟练掌握网店的商品知识、营销知识和沟通技能等 （4）工作能力突出，考核综合指标在全体网店客服人员中排在前1/3 （5）能够在工作中献计献策，提出一些建设性意见

2. 物质奖励

物质奖励是指基于员工良好的工作表现而提高其薪酬、福利待遇等，物质奖励对调动网店客服人员的积极性有显著作用。奖励的金额、标准等都需要网店根据实际情况设置。

3. 有奖就有罚

当网店中出现业绩考核不合格的网店客服人员时，网店客服管理人员一定不要睁一只眼闭一只眼，发现问题就要及时解决。网店客服管理人员可以根据网店客服人员的工作失误情况、违规的严重性来权衡惩罚的轻重，可以参考的惩罚方式有警告、通报批评等，屡教不改者则应淘汰。

↘ 9.3.4 监督机制

设立监督机制是为了监督网店客服人员的工作情况，网店客服管理人员可以从工作状态、工作绩效、客户满意度及员工认可度等方面入手，促使网店客服人员的工作结果达到预定的目标。

网店客服管理人员在监督网店客服人员时，可以采用数据监控和问卷调查两种方式。通过数据监控，网店客服管理人员可以对网店客服人员的工作成效、进度和质量进行评估；问卷调查则是指网店客服管理人员从客户的反馈中评估网店客服人员的工作质量等。图9-3所示为某童装网店设计的调查问卷的部分内容，网店客服管理人员可以参照自己网店客服人员的实际工作情况设计调查问卷。

调查问卷

尊敬的顾客，您好：

非常感谢您对×××店铺的支持，为了规范网店客服人员的工作制度，监督客服人员的工作情况，最重要的是为了让您享受更为贴心的客户服务，

我们邀请您共同监督我们的工作，填写这份问卷，您所提出的每一个宝贵意见都是我们不断成长的动力！

1. 客服是否礼貌问好？

□是　　□否　　其他______

2. 在您向客服人员咨询相应问题时，客服人员的回答是否有针对性？是否真正帮助您解决了选购商品过程中的困惑？

□是　　□否　　其他______

3. 在客服人员回答您问题的过程中，您等待的时间有多长？

□两分钟以内　　□五分钟以内　　□十分钟以内　　其他______

4. 您认为此次购物过程中通过咨询客服人员解决了什么问题？（可多选）

□商品质量争议　　□邮费争议　　□价格商议

□物流争议　　□商品真伪争议　　其他______

5. 您在售前与售后咨询客服人员时，客服人员的态度有区别吗？

□有　　□没有　　其他______

图9-3　某童装网店设计的调查问卷的部分内容

实训演练——制订客服激励方案

【实训背景】

周某是某运动品牌网店的金牌客服人员，自两年前进公司开始，他在工作方面一直勤勤恳恳、努力奋斗。领导为了将周某早日培养成为网店客服管理人员，近日给他交待了一份特别的任务，那就是制订一份客服激励方案。

【实训要求】

从竞争机制、晋升机制、奖惩机制等方面出发，制订一份简单但完整的客服激励方案。

【实训目标】

（1）掌握竞争机制、晋升机制、奖惩机制的相关知识。

（2）能撰写一份简单的客服激励方案。

【实训步骤】

（1）竞争机制。科学有效的竞争机制要以有说服力的数据为支撑，如KPI指数、客户评分、销售量等。

（2）晋升机制。晋升机制的设置应当遵循公平、公正等原则。例如，网店可以综合考虑在岗时间、客户投诉、KPI指数等，设置实习客服、基础客服、客服组长、客服主管、客服经理等职位。

（3）奖惩机制。奖惩机制包括奖励和处罚两个方面。就奖励而言，网店可以设立"最佳新人""服务之星""优秀员工"等奖项，然后针对网店客服人员的表现进行评选，并颁发证书、给予适当奖金；就惩罚而言，网店可以根据服务态度、客户投诉等对表现不佳的网店客服人员给予扣除绩效奖金、扣除考评分等惩罚。

（4）制订客服激励方案。根据竞争机制、晋升机制、奖惩机制，网店就可以形成一份简单的客服激励方案，参考如下。

××网店客服激励方案

为了提升网店客服人员的个人素质和能力，充分调动全体客服人员的主动性和积极性，达到发现人才、培养人才、留住人才的目的，并在网店内部营造公平、公正、公开的竞争氛围，规范网店客服人员的晋升、晋级机制，特制订本方案。

1. 有竞争才有提升

网店每月考核一次KPI指数，考核表会粘贴在宣传栏上，此处不再赘述。

2. 有晋升才有动力

网店客服人员的晋升流程如图9-4所示：

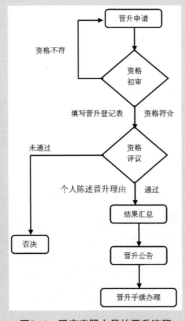

图9-4 网店客服人员的晋升流程

实习客服转基础客服标准：

（1）入职满3个月，试用期间无重大工作失误或因个人工作技能不足等导致严重投诉；

（2）打字速度达到50字/分，平均响应时间不超过35秒；

（3）询单转化率在47%以上，转正考试分数在80分以上。

基础客服转客服组长标准：

（1）在岗时间为1年及以上；

（2）晋升期间无重大工作失误或因个人工作技能不足等导致严重投诉；

（3）晋升期间KPI指数至少5次排在前3；

（4）当前晋升周期内质检差错率低于5%（暂定）；

（5）客户评分和组长评分需达良好及以上水平。

客服组长转客服主管标准：

（1）在岗时间为2年及以上；

（2）晋升期间个人及所管理小组无重大工作失误或因个人工作技能不足等导致严重投诉；

（3）晋升期间所管理小组的KPI指数总和至少3次排在前3；

（4）晋升周期内所管理小组质检差错率低于5%（暂定）；

（5）主管评分需达良好及以上水平。

客服主管转客服经理标准：

（1）在岗时间为3年及以上；

（2）具备客户服务领导才能、协调能力、组织能力及团队管理能力；

（3）其他由总经理决定。

3. 有奖惩才有效力

增设季度"金话筒"奖（每次奖励1000元，发放奖杯并以书面形式在宣传栏上公布）。

评选条件及要求：

（1）工作时间为6个月以上，且为正式员工；

（2）在职期间出勤率高，无迟到、早退或旷工等现象；

（3）具有较强的工作能力，尽职尽责，询单转化率、落实客单价及平均响应时间等指标均在全体网店客服人员中排在前5；

（4）客户满意度较高，能维护网店形象，妥善处理各种关系。

网店客服人员有下列情况之一的，给予处罚（第1次罚款100元，第2次罚款200元，以此类推）：

（1）迟到或早退，未经主管领导同意，私自调班、调休；

（2）工作时间擅离岗位，上班后不到位工作或聚堆聊天，上班时间私自外出购买食品；

（3）不尊重客户，对客户态度冷淡、恶劣，从而招致客户投诉；

（4）KPI指数连续3个月排在倒数第一；

（5）对客户给予不实的承诺，导致网店遭受损失。

案例分析——客服需管理，不管不问遭损失

2月，某位网友的一番言论在网络中引起了热议。该网友表示，一天下午接到一个自称是某网店客服人员的电话，对方称由于自己的疏忽多寄了一件衣服，要求该网友将衣服退回，邮费到付。对方在描述时准确地给出了该网友的收件人信息，不过该网友并没有收到任何快递信息，因此第一反应就是遭到了诈骗，于是回了一句"自己弄错关我什么事"便挂了电话。接着，该网店客服人员又给该网友发送了两条短信，称如果该网友不退还衣服的话，他将报警处理，但是该网友并没有回复。晚上，该网友查询自己的物流信息时，被眼前的一幕吓坏了：她的物流信息中显示有一件"他人买给你的清明节花圈"。看到该物流信息时，该网友感到不可思议，于是马上找该网店的客服人员沟通，并表示自己确实没有收到多寄的衣服。

将该事情反映给网店和网购平台后，该网友终于了解到了事情的缘由。原来那名网店客服人员确实多寄了一件衣服，但因为收件人信息写错，该网友并没有收到。关于花圈，那名网店客服人员也承认是因为该网友之前不配合，而一气之下订购了花圈，事后觉得这样做确实不好便取消了订单。事情调查清楚后，该网店对该客服人员做了开除处理，并在社交平台上公开道歉。网购平台表示，以后将会对客户的地址进行加密处理，并给予该网店扣除12分、回收网店经营权7天、涉事网店客服人员下单花圈的账号永久封停的处理。

点评： 根据《消费者权益保护法》，客户在购买、使用商品和接受服务时，享有人身、财产安全不受损害的权利。根据《治安管理处罚法》的规定，商家写恐吓信或者以其他方法威胁他人人身安全的，可以视情节对其进行罚款或者拘留。由上述事件和相关法律法规可以看出，网店对网店客服人员的行为负主要责任，网店应当科学管理网店客服人员，不然最终受影响最大的还是网店。

课后练习

1. 选择题

（1）[单选]对网店客服人员打字速度的考核属于技能的培训与考核中的（　　　）方面。

    A. 基础操作　　　　B. 聊天操作　　　　C. 知识技能　　　　D. 软件技能

（2）[单选]网店客服人员的职业价值观不包括（　　　）。

    A. 诚实守信　　　　B. 客户第一　　　　C. 团结互助　　　　D. 多劳多得

（3）[多选]提高网店客服人员执行力的途径包括（　　　）。

    A. 薪酬福利　　　　B. 职位升迁　　　　C. 工作环境　　　　D. 团队活动

（4）[多选]客服激励机制包括（　　　）。

    A. 竞争机制　　　　B. 监督机制　　　　C. 奖惩机制　　　　D. 晋升机制

2．填空题

（1）一般来说，客服日常管理原则主要包括_____、排班原则、数据监督原则及_____。

（2）_____是网店客服人员职业价值观的核心内容。

（3）在调动人的积极性方面，精神奖励和物质奖励缺一不可，一般以_____为主，_____为辅。

（4）网店客服人员的知识技能主要包括_____、对客户的分析和话术的整理3个方面。

3．判断题

（1）一般来说，网店客服人员的成长可以分为阶段性成长、6个月内成长和一年内成长3个阶段。（　　　）

（2）网店客服人员的基础操作是指在千牛工作台上的常见操作，包括聊天设置、群发消息、快捷操作、新建群及设置个性签名等内容。（　　　）

（3）勇攀高峰的职业价值观是网店客服人员进步的必要源泉。（　　　）

4．简答题

（1）简述网店客服人员的日常管理原则。

（2）简述网店客服人员的业务培训项目。

（3）简述网店的客服激励机制。

5．实践题

（1）在网络中寻找网店的管理制度模板，通过模板分析网店的基本制度包括哪些方面。

（2）假设你是一名店长，为了激发网店客服人员的积极性，请针对本店客服人员的具体情况制订一个有效且可以执行的激励机制，具体要求如下。

- 建立良好的竞争机制，并提出有利于竞争的数据。
- 利用晋升机制来选拔网店客服管理人员。
- 对网店客服人员使用合理的奖惩机制，注意精神奖励与物质奖励的综合运用。

（3）假设你是一名客服组长，现在需要通过问卷调查的形式监督小组成员的工作状态，试着设计一份网店客服人员服务调查问卷。